Mujeres del Nuevo Testamento

Mujeres del Nuevo Testamento

*Las enseñanzas
de Jesús para
la mujer de hoy*

Alice Mathews

EDITORIAL
PORTAVOZ

La misión de *Editorial Portavoz* consiste en proporcionar productos de calidad —con integridad y excelencia—, desde una perspectiva bíblica y confiable, que animen a las personas a conocer y servir a Jesucristo.

Título del original: *A Woman Jesus Can Teach: Lessons from New Testament Women Help You Make Today's Choices*, © 1991 por Alice Mathews y publicado por Discovery House Publishers, Grand Rapids, Michigan, 49512. Traducido con permiso.

Edición en castellano: *Mujeres del Nuevo Testamento: Las enseñanzas de Jesús para la mujer de hoy*, © 2009, 2015 por Alice Mathews y publicado por Editorial Portavoz, filial de Kregel Publications, Grand Rapids, Michigan 49505. Todos los derechos reservados. Publicado anteriormente con el título *Enseñanzas de Jesús para la mujer de hoy*.

Traducción: Rosa Pugliese

EDITORIAL PORTAVOZ
2450 Oak Industrial Dr NE
Grand Rapids, MI 49505 USA

Visítenos en: www.portavoz.com

ISBN 978-0-8254-5677-0

1 2 3 4 5 edición / año 19 18 17 16 15

Impreso en los Estados Unidos de América
Printed in the United States of America

A Susan,
Karen,
Kent,
y Cheryl,
cuatro regalos de Dios,
cuya integridad me estimula
y cuyo amor me sustenta.

Contenido

PRÓLOGO

Cuando era niña y asistía a clases de la escuela dominical en Detroit, aprendí las historias de Jesús, como cuando caminó sobre el mar y calmó la tempestad, cuando sanó a los enfermos y resucitó a los muertos, cuando alimentó a los hambrientos y cuando echó a los mercaderes deshonestos del templo. Antes que pudiera leer suficientemente bien como para seguir la lectura en un himnario, había aprendido a cantar:

> Justo Señor, Jesús, Soberano de toda la creación,
> Oh, Hijo de Dios, Hijo de hombre:
> Te adoraré y te honraré,
> Gloria, gozo y corona de mi alma.

La primera línea tenía sentido para mí: Jesús era un trabajador milagroso e incansable que tenía control sobre toda la creación. La segunda línea, me costaba entender, pero estaba aprendiendo que el maravilloso ser humano, Jesús, también era Dios. Las dos últimas líneas conformaban lo que aun como una niña podía sentir por Jesucristo, aunque no tenía en claro qué significaba "gloria, gozo y corona de mi alma".

En el transcurso de los años, perdí de vista al Jesús de los Evangelios. Su lugar fue ocupado por un Cristo más abstracto, cuyas perfecciones lo habían suprimido de mi rutina diaria. La mayoría de los libros que leía y de los sermones que escuchaba rondaba sobre el Antiguo Testamento o las Epístolas. Si se precipitaba sobre los Evangelios, era solo para realizar un breve recorrido por los dos puntos culminantes de la encarnación y la expiación sustitutiva de Cristo. Todo de manera indefinida y ambigua. El Jesús de los

9

Evangelios era teologizado en una cuidadosa doctrina implantada entre Dios el Padre y el Espíritu Santo. Aunque oraba en el nombre de Jesús diariamente y cumplía mi tarea evangelizadora de dar a conocer a los no cristianos la obra redentora de Cristo mediante su muerte en la cruz, no encontraba a la persona de Jesús particularmente relevante para mi vida.

En 1974 comencé un estudio semanal de tres años del Evangelio según Juan con un grupo de estudiantes en Viena, Austria. La primera parte del capítulo 1 tenía que ver con el Jesús que más había estudiado: el Verbo eterno por Quien todas las cosas fueron hechas. Al enseñar esto, me sentí cómoda, pues era un terreno conocido para mí. Así eran la mayoría de mis estudios. Pero cuando nos adentramos en la vida y el ministerio terrenal del Señor, me sentí menos cómoda con el Jesús que encontré en el Evangelio de Juan. Yo quería que los alumnos de mi clase adoraran a este Jesús y le entregaran su vida a Él. Pero Él hacía y decía cosas raras. Parecía descortés para con su madre. Parecía no importarle si les caía bien a los líderes religiosos o no. El "apacible Jesús, manso y humilde" casi parecía disfrutar al exasperar a las personas y, sin necesidad, poner en evidencia abiertamente sus tradiciones.

Como maestra de la Biblia, me sentí atrapada entre mi compromiso por honrar la integridad de las Escrituras y mi deseo por encubrir las cosas enigmáticas de la vida de Jesús, que podían ofender a los nuevos cristianos y a los no cristianos de mi clase. En el proceso, tuve que luchar con mis sentimientos, hasta ese momento no reconocidos, acerca de la clase de persona que yo pensaba que Jesús debía haber sido. En las páginas del Evangelio de Juan, encontré a un Hombre que no se comportaba de la manera que yo pensaba que el Cristo incorpóreo y espiritualizado de las Epístolas debería comportarse.

Aquello comenzó lo que para mí llegó a ser una permanente fascinación por Emanuel, Dios hecho carne, el Jesús que caminó sobre los caminos polvorientos y senderos montañosos de Palestina. Hace tres años, cuando comencé a trabajar sobre esta serie de estudios, primero para una clase y más tarde para ser publicados, me encontré profundamente conmovida por las palabras y acciones del Dios-Hombre registradas para nosotros por Mateo, Marcos, Lucas y Juan. A veces, mientras trabajaba en estos capítulos, me sobrevenían poderosas emociones de tristeza, de enojo, de amor y de gozo. Volví a conocer y me enamoré del Salvador del mundo, que resulta ser el Salvador de cada mujer y cada hombre en particular. Encontré a un Hombre lleno de compasión por la mujer atrapada en el alambre de púas de la vida. Me quedé sin aliento al verlo oponerse a las tradiciones y correr enormes riesgos para ofrecer esperanza, nueva vida o una segunda oportunidad a las mujeres despreciadas y degradadas por la acusación de los líderes religiosos. En el proceso, experimenté las palabras descriptivas de Pedro de una manera renovada:

> A quien amáis sin haberle visto, en quien creyendo, aunque ahora no lo veáis, os alegráis con gozo inefable y glorioso; obteniendo el fin de vuestra fe, que es la salvación de vuestras almas (1 P. 1:8-9).

Si pudiera desearle algo a quien lea este libro, sería que Jesucristo traspase estas páginas hasta llegar a su vida a fin de cautivarla con su maravilloso y arriesgado amor, para que no quiera otra cosa que no sea seguirlo y aprender de Él todos los días de su vida.

1

CÓMO SER UNA DISCÍPULA
DEL MAESTRO DE MAESTROS

En 1980, mi esposo y yo regresamos a los Estados Unidos después de casi dos décadas de servicio misionero en el extranjero. Una de las primeras cosas que me impresionaron cuando nos adaptamos a la versión estadounidense de la comunidad cristiana fue el fuerte énfasis en el discipulado. Parecía que cada cristiano que encontrábamos discipulaba a un cristiano recién convertido o era discipulado por otro más maduro.

Las mujeres más jóvenes se acercaban a mí y me pedían que las discipulara. Su pedido parecía algo programado, fijado de antemano. Detesto admitirlo, pero no tenía idea de lo que se supone que debía hacer. Así que me dispuse a escuchar, hacer preguntas y leer libros. Descubrí una explosión de literatura sobre cómo discipular o ser discipulado.

Mucho de lo que encontré, sin embargo, estaba basado en fórmulas: haga estas cinco cosas en este orden y se convertirá automáticamente en el cristiano maduro que Dios quiere que sea. Esto parecía ser algo ingenioso y eficaz, y a nosotros los norteamericanos nos gustan las cosas de esta manera. Si podemos reducir un proceso a una fórmula (¡preferiblemente una que utilice aliteraciones o forme acrónimos!), nos convencemos de que tenemos el proceso bajo control.

Esto funciona en muchos ámbitos de la vida. Las formulas tienen algunos procesos bajo control. Cada receta es una fórmula: tome estos ingredientes y estas proporciones, y combínelos de esta manera, y listo el pan de maíz, el estofado o el postre de chocolate. Cualquier mujer que entra a la cocina y prepara una comida, trabaja en base a fórmulas, ya sea que las sepa de memoria o recurra a un libro de recetas. Si hace mucho que cocinamos, no necesitamos recurrir a un libro de recetas cada vez que preparamos una crema o la masa de un pastel.

Para aprender a cocinar bien, comenzamos por seguir las fórmulas (recetas) cuidadosamente. A medida que nos volvemos más expertas, podemos alterarlas a nuestro gusto. Pero ya sea que tengamos cinco antiguos libros de recetas abiertos en la mesa cada vez que preparamos una comida o que hagamos ejercicio de la experiencia culinaria acumulada con los años, estamos combinando ciertos ingredientes en ciertas proporciones de una cierta manera. Usamos fórmulas. Los buenos cocineros y los malos cocineros siguen fórmulas. Ellos simplemente difieren en cuáles usan o en la manera en que las usan.

¿Es el discipulado igual que la cocina? ¿Puedo tener la garantía de que si combino ciertos ingredientes (participar de un grupo de estudio bíblico, pasar un tiempo específico de oración cada día, asistir a tres servicios por semana de la iglesia, testificar a los no cristianos según lo establecido) en ciertas proporciones y en cierta manera, llegaré a ser una cristiana madura?

Para encontrar esta respuesta, decidí observar a Jesucristo a través de los cuatro Evangelios y analizar lo que el maestro artífice de los discípulos les decía a aquellos que lo seguían como tales. Lo que descubrí fue que su contacto con los hombres y las mujeres no parecía ajustarse a ninguna fórmula particular. En palabras de C. S. Lewis, Jesús "no es un león domado". Él nunca se acercaba a las personas de la misma manera, sino que adecuaba su método a la necesidad exclusiva de cada una.

Jesús procuró el encuentro con una preocupada mujer samaritana y entabló con ella una conversación que la llevó a la fe, tanto a ella como a muchas otras personas de su aldea. Sin embargo, se distanció de su propia madre, para que ella tuviera una relación diferente con Él. Probó a una mujer sirofenicia al denegarle su petición como una manera de conducirla a una mayor fe; pero prodigó la gracia que una viuda ni siquiera había pedido para su hijo que había muerto. A veces, hablaba en parábolas para aquellos que querían respuestas; otras veces, daba respuestas a preguntas que las personas ni siquiera habían preguntado. Se negó a respaldar la opinión de Marta en cuanto a lo que María debería estar haciendo, así como a responder la pregunta de Pedro acerca de qué iba a pasar con Juan.

Pensé en el grupo de mujeres con las que había trabajado en Europa. Ya sea individualmente o en grupos pequeños o grandes, estas mujeres eran particulares. Cada una traía su propia y única experiencia de vida, sus propios temores y sueños, y su propio bagaje a la vida cristiana. Puedo comprar una docena de huevos, y suponer que los doce huevos son bastante iguales y que reaccionarán de la misma manera en una torta "ángel"; pero no puedo suponer que doce mujeres que participan de un grupo de estudio bíblico reaccionarán de la misma manera.

Los programas de discipulado no personalizado me hacen pensar en que es casi imposible que dos mujeres —una de talla 8 y otra de talla 18— usen la misma talla 13 de vestido. Sin una gran modificación al vestido, ninguna de las mujeres se verá bien con él.

No hay dos personas que sean iguales. No solo variamos en estatura, peso y color de cabello; sino en intereses, dones y habilidades. Así como Jesús amoldaba sus respuestas a los individuos de acuerdo a sus necesidades específicas, de la misma manera aprendemos a seguir a Cristo como sus discípulas de acuerdo a nuestra propia individualidad.

Cuando era niña, las personas tenían que conocer su talla de calcetines. Hoy día podemos comprar una talla única que les calza a todos. Ya no tenemos que recordar la talla de nuestros calcetines. Pero seguir a Jesús no es como comprar un par de calcetines. No somos todos iguales.

Ciertamente, se parece más a la obsesión que tuve por una alfombra hace muchos años. Había visto la foto de aquella alfombra en una revista y podía imaginarla bajo nuestra mesita de café en la sala. Era una alfombra de dos metros de diámetro, con una sola flor circular con montones de pétalos en matices azules y verdes. Lo que me llamó la atención es que, mientras los contornos generales de los pétalos eran similares, ningún pétalo era igual al otro. Si se asemejaban en tamaño, eran completamente diferentes en color o matiz. Aquellas formas variadas le daban a la alfombra su vivacidad.

Cuando veo cómo Jesús se comunicaba individualmente con cada mujer y cada hombre en los Evangelios, descubro que Dios siempre trabaja con originales, no con copias. ¿Quién podría dudar de la originalidad de María Magdalena o de Marta y su hermana María? Como el caso de los pétalos de mi alfombra, no hay dos personas iguales.

Esto no quiere decir que Jesús no tenga metas específicas para aquellos que lo siguen. Él mencionó seis condiciones para ayudarnos a distinguir quiénes son sus discípulos. Lucas registra tres condiciones que Jesús estableció para sus seguidores: "Si alguno viene a mí, y no aborrece a su padre, y madre, y mujer, e hijos, y hermanos, y hermanas, y aun también su propia vida, no puede ser mi discípulo" (14:26); "Y el que no lleva su cruz y viene en pos de mí, no puede ser mi discípulo" (14:27); "Así, pues, cualquiera de vosotros que no renuncia a todo lo que posee, no puede ser mi discípulo" (14:33). Después Juan nos da tres pruebas de un discípulo: "...Si vosotros permaneciereis en mi palabra, seréis verdaderamente mis discípulos" (8:31); "En esto conocerán todos que sois mis discípulos, si tuviereis amor los unos con los otros" (13:35); "...en que llevéis mucho fruto, y seáis así mis discípulos" (15:8).

Esta es una lista de requisitos desalentadora para los discípulos. Parece que Jesús colocó una barra a una altura más alta de la que cualquiera podría saltar por sí mismo. No solo debemos permanecer en su palabra, amarnos unos a los otros y llevar mucho fruto; sino que debemos dejar todo, llevar nuestra cruz y poner toda relación humana en segundo lugar para seguir a Jesús. Con razón "...muchos de sus discípulos volvieron atrás, y ya no andaban con él" (Jn. 6:66).

Cumplir los requisitos de semejante lista sería casi imposible, si ser un discípulo fuera nada más que una fórmula, un concepto abstracto. Es difícil dejar todo por algo abstracto. Pero Jesús no nos pide esto. Él nos invita a una relación que cambie a tal grado nuestras prioridades, que lo que una vez nos importaba en demasía, ahora nos importe menos.

La palabra *discípulo* viene de *madsetés*, la cual significa "aprendiz". Eso es lo que somos, aprendices. Pero somos una clase especial de aprendices. Yo puedo estudiar francés en la escuela sin tener una relación especial con el maestro de francés. Pero no puedo estudiar la vida cristiana como una discípula sin tener una relación especial con su fundador. Esto se debe a que el discipulado como un concepto abstracto se resbala y se desliza de las fórmulas diseñadas para contenerlo. Las relaciones que cambian la vida son dinámicas, no estáticas. Están vivas.

Cuando Jesús se sale de las páginas de Mateo, Marcos, Lucas y Juan para entrar a la sala de mi casa, tengo que tratar con Él como una persona. No es una figura nebulosa en la historia. Tampoco es un conjunto de técnicas contenidas en el Sermón del Monte. Él está vivo y participa dinámicamente del desarrollo de nuestra relación con Él. Debo conocer quién es Él y qué quiere de mí. Más que obtener información factual de Él, también debo llegar a familiarizarme con Él y saber qué puedo esperar de Él. Puesto que está vivo, no muerto, y porque tiene una relación conmigo, no puedo poner esta relación en una caja o esperar que se desarrolle de acuerdo a alguna fórmula.

Es la diferencia entre conocer la fórmula matemática y conocer al matemático. Los datos y fórmulas son fijos. Para sujetar el borde de mi alfombra circular, puedo calcular la circunferencia mediante el uso de πd un jueves de mayo, y puedo seguir calculando la circunferencia con la misma fórmula un viernes de octubre. Conocer al matemático no es para nada lo mismo.

¿Cuál es la diferencia? ¿Una relación produce algo en nosotros que los datos en una fórmula no producen? Las buenas relaciones tienen varias características en común. La primera es que nos interesamos en lo que le interesa a nuestra amiga. Lo que le interesa a ella, de repente es de gran interés para nosotras. Descubrimos que sentimos curiosidad por las cosas que le gustan a nuestra amiga, a las que antes ni siquiera les prestábamos atención.

Otra característica de una buena relación es un fuerte afecto. Nos deleitamos tanto con nuestra amiga que queremos pasar tanto tiempo con ella como sea posible. Nuestro corazón está unido por el amor. Este es un lazo más poderoso que cualquier demanda que alguien pueda ejercer en una relación.

Una tercera característica de una buena relación es la confianza. Hacemos lo máximo para ser dignas de la confianza de nuestra amiga y brindarle la nuestra. Esta es, de todas las características de una buena relación, la más frágil. La confianza se edifica lentamente y se destruye muy rápido. Pero cuando está presente, forma un fuerte puente sobre el cual podemos transportar cualquier cosa.

Cuando conocemos a Jesús y comprobamos que es completamente digno de confianza, descubrimos que podemos permanecer en su Palabra. Cuando hemos aceptado que Él nos ama sin condiciones, es más fácil amar a los demás. Cuando lo que importa para Él importa para nosotros, ni siquiera notamos cuando otras relaciones y todo lo que poseemos toma un lugar secundario en nuestra vida.

Lo que parecía una barra colocada a una altura imposible de saltar resulta que no es una barra en absoluto. Es una puerta de entrada para servir gozosamente a nuestro Salvador y Señor Jesucristo.

No existe tal cosa como un discipulado abstracto. Solo hay discípulos, hombres y mujeres individuales, a quienes Jesús ha encontrado y cuyas vidas está transformando. Jesús trabaja con personas, no conceptos.

Este libro no trata acerca de los seis principios del discipulado. Trata acerca de las mujeres con las que Jesús se encontraba. La que encontró junto a un pozo de agua, en el patio de un templo, en la plaza y fuera de la puerta de la ciudad eran personas comunes y corrientes que conocieron a una persona extraordinaria. Ellas lo siguieron, y sus vidas nunca volvieron a ser las mismas.

Estos son ejemplos reales de mujeres de los Evangelios, que conocieron a alguien que les cambio la vida por el interés que Él demostró por ellas, por su amor incondicional, por su fiabilidad. Su amor permitió que una mujer pecadora mostrara un gran amor. Su interés impulsó a una mujer samaritana a llevar mucho fruto. Su fiabilidad estimuló a María Magdalena a dejarlo todo y seguir a su libertador.

Lo que parece difícil, aun imposible en lo abstracto, se vuelve espontáneamente posible, hasta fácil, cuando entablamos una relación de amor y confianza con Dios el Hijo. Este libro es acerca de mujeres y para mujeres que quieren amar y servir a Jesucristo, y ser sus discípulas.

Preguntas para la reflexión personal o el debate grupal

1. ¿Cómo te sientes acerca de las características que Jesús mencionó de un discípulo?
2. ¿Cuál piensas que sería la más difícil para ti?
3. ¿Cómo puede una relación cambiar la manera de ver estas características?
4. ¿Cómo te sientes acerca de tu propia originalidad o singularidad como seguidora de Jesucristo?

2

MARÍA

Con nuestros cuatro hijos, que ahora rondan los treinta años, Randall y yo experimentamos la dura transición de aprender a relacionarnos con ellos como adultos. Ya no podemos seguir siendo responsables por ellos. Ya no elegimos sus juguetes, su dieta, su ropa o sus amigos. Cualquiera sea la influencia que podamos tener ahora sobre ellos, no puede ser coercitiva. Puede que decidan escucharnos porque nos honran o porque tenemos una experiencia de la cual quieren aprender. Pero escucharnos es una decisión de ellos, no nuestro derecho. Esto exige un cambio interesante en la manera de hablar entre nosotros y en las expectativas que tenemos.

Estos cambios en las relaciones familiares pueden producir tensión para todas nosotras. Como madres sabemos mentalmente que necesitamos soltar a nuestros hijos y motivarlos a ser independientes. Hacerlo de manera constante es otra cosa. Nos sentimos responsables, y nuestros instintos protectores se oponen a lo que sabemos que debemos hacer.

Durante tiempos como estos, podríamos sentir que estamos caminando de puntillas sobre un campo minado. Pero la transición que hacemos cuando nuestros hijos maduran y llegan a ser adultos es insignificante comparada con la transición hecha por una mujer que encontramos en los Evangelios. Su nombre es María, la madre de nuestro Señor Jesucristo.

Ya conocemos la dramática historia de su extraordinario encuentro con el ángel Gabriel, en el cual acepta convertirse en la madre del Mesías. Conocemos la historia del dificultoso nacimiento de Jesús en un establo de Belén. Hemos escuchado acerca de los pastores que fueron a adorarlo y de su historia acerca del cielo lleno de ángeles que anunciaban el nacimiento de Jesús. De alguna manera, suponemos que una mujer que trae al mundo a un niño tan especial estaría exenta de algunas de las aflicciones que las madres comunes y corrientes enfrentamos.

Sin embargo, María afrontó una transición aun más dura que la que tú y yo vivimos cuando nuestros hijos crecen. Ella tuvo que aprender a relacionarse de una manera nueva con su hijo Jesús, no solo como adulto, sino como Dios. Su rol como madre tuvo que dar paso a un nuevo rol como discípula o seguidora de Jesucristo. Los hechos que la llevaron a convertirse en una discípula fueron tan importantes, que los escritores de los cuatro Evangelios nos dan a conocer fragmentos de la historia. Un incidente particularmente doloroso es reportado por Mateo, Marcos y Lucas. Esta es la versión de Marcos:

> Luego [Jesús] entró en una casa, y de nuevo se aglomeró tanta gente que ni siquiera podían comer él y sus discípulos. Cuando se enteraron sus parientes, salieron a hacerse cargo de él, porque decían: «Está fuera de sí.» (3:20-21, NVI).

Esto comenzó con los rumores que se escuchaban en Nazaret acerca de Jesús. Algunos decían que Él estaba fuera de sí. Otros decían que hacía sus obras por el poder de Beelzebú, el príncipe de los demonios. Aun otros simplemente decían que no descansaba lo suficiente y ni siquiera tenía tiempo para comer. María y sus hijos pensaban en consenso que Jesús se estaba perjudicando a sí mismo y que moriría si nadie se hacía cargo de Él.

Después de hablar acerca de esto en familia, decidieron ir por Él para llevarlo de regreso a Nazaret. Lo mantendrían fuera de la atención pública por un tiempo y se asegurarían de que durmiera lo suficiente y comiera regularmente. Por lo tanto, salieron para la aldea donde Él estaba enseñando.

La preocupación de ellos por la salud de Jesús no estaba mal infundada. Las personas necesitadas que buscaban el toque de Él sobre su vida se agolpaban a su alrededor a todo lugar donde iba. Hombres y mujeres en su desesperación y dolor lo apretujaban por todos lados. Él y sus discípulos trataban de retirarse de las aglomeraciones de personas que lo empujaban, pero hasta en un hogar privado era tal el gentío que ni siquiera podían comer. El relato de Marcos lo resume en los versículos 31 al 35:

> Vienen después sus hermanos y su madre, y quedándose afuera, enviaron a llamarle.
> Y la gente que estaba sentada alrededor de él le dijo: Tu madre y tus hermanos están afuera, y te buscan.
> El les respondió diciendo: ¿Quién es mi madre y mis hermanos?
> Y mirando a los que estaban sentados alrededor de él, dijo: He aquí mi madre y mis hermanos. Porque todo aquel que hace la voluntad de Dios, ése es mi hermano, y mi hermana, y mi madre.

"¿Quién es mi madre y mis hermanos?". ¡Qué pregunta! ¿Qué debe haber sentido María en aquel momento? ¿Ser rechazada de esta manera después de todos aquellos años de cuidado para con este muchacho que había crecido? Ella había arriesgado su reputación al traerlo al mundo. Había trabajado incansablemente durante su niñez para educarlo de manera responsable. Ahora, al escuchar que preguntaba: "¿Quién es mi madre?", se vio forzada a reconocer que para Él el vínculo familiar no era tan fuerte como ella pensaba.

De todas las relaciones humanas, pocas son tan profundas como la de una madre con su hijo. Cuando somos madres, llegamos a ser partícipes con Dios de la creación al traer una nueva vida al mundo. ¿Podría haber otro vínculo más fuerte que este?

María era completamente humana. Ella debe haber luchado con la humillación de este rechazo. Si camináramos lentamente junto a ella de regreso a Nazaret tras aquel doloroso encuentro, puede que la veamos cerrar sus ojos y sacudir su cabeza como si quisiera borrar de su mente esta nueva realidad. No podía ser cierto. Este hijo especial, de quien el ángel había dicho que sería grande y sería llamado Hijo del Altísimo, quien ocuparía el trono de su padre David, ¡seguramente no le daría la espalda a su propia madre!

Pero ¿qué le había dicho aquel anciano llamado Simeón aquel día en el templo de Jerusalén, donde ella y José habían llevado al niño Jesús para su dedicación? ¿No le había dicho que, a causa de este niño, una espada traspasaría su misma alma? ¿Era esto a lo que él se había referido? ¿Podría algo ser más doloroso que el rechazo público de un hijo mayor?

Al caminar por los caminos polvorientos de Nazaret, puede que María haya reflexionado internamente en aquellos emocionantes primeros meses de su embarazo, que habían transcurrido en la región montañosa de Judea con su prima Elisabet. Durante estos tres meses, ellas eran dos amigas íntimas que intercambiaban ideas respecto a los niños que estaban creciendo en su vientre. Sosegadamente, rememoraban las visitaciones angélicas que les habían acontecido. ¿Cómo podía ser que Dios hubiera escogido a María como intermediaria para cumplir su promesa a Israel?

Después llegó el momento para que María regresara a Nazaret, donde tendría que tratar con las miradas y murmuraciones del pueblo. Qué difícil sería explicárselo a su prometido José. ¿Qué pasaría si él se negaba a creer su historia de la visitación del ángel? Pero Dios había convencido a José en un sueño que arriesgara su propia reputación para casarse con ella.

María recordó la pesadez de su embarazo durante aquel inoportuno viaje de Nazaret a Belén. Se estremeció ante el recuerdo de las palabras del encargado de aquella posada: "La posada está llena. No tenemos lugar para nadie más". Ella volvió a sentir la extenuación de aquel nacimiento sobre una pila de paja de un establo lindante. Demasiado rápido, ella y José tuvieron que arropar a su hijo recién nacido para hacer otro viaje inoportuno, esta vez al suroeste de Egipto.

Cuando José le dijo que podían regresar a Nazaret después de la muerte de Herodes, ella sabía que tendría que enfrentar a las personas del pueblo que nunca creerían la historia del ángel y del nacimiento virginal. Lo único que podría hacer sería apretar sus dientes e ignorar las sonrisas burlonas y los comentarios desconsiderados.

Pero ella podría hacerlo. Después de todo, había escuchado a Simeón alabar a Dios: "Porque han visto mis ojos tu salvación, la cual has preparado en presencia de todos los pueblos; luz para revelación a los gentiles, y gloria de tu pueblo Israel" (Lc. 2:30-32). María sabía que su hijo había nacido para algo grande. Ella sabía que Él había sido enviado para la liberación de Israel. ¡Podía ignorar las murmuraciones!

Desde luego, había vivido aquel preocupante episodio en el templo cuando Jesús tenía doce años (Lc. 2:41-52). Aquello había sido como un aguijón de la espada que Simeón había predicho que traspasaría su alma. Ellos habían llevado consigo a Jesús a aquella caminata de más de cien kilómetros desde Nazaret hasta Jerusalén para la fiesta de la Pascua. Ella había sentido la emoción de ver otra vez la ciudad de David, con sus paredes blancas tornasoladas por el brillo del sol de primavera. Había estado en el patio de las mujeres, asombrada de que Dios hubiera escogido a su pueblo para ser una luz a los gentiles. Se había estremecido ante la magnificencia y el simbolismo de la fiesta de la Pascua. Cada vez que atravesaba las puertas del templo, experimentaba la emoción de ser judía y de poder adorar al Dios de Israel.

Pronto había llegado el momento de regresar a Nazaret. Ella revivió el pánico que había sentido aquella primera noche de travesía, cuando de regreso a casa se dieron cuenta de que no podían encontrar a Jesús entre los niños de la caravana. Volvió a experimentar las palpitaciones de su corazón cuando junto con José bombardeaban a los otros peregrinos con sus frenéticas preguntas. ¿Dónde podría estar Jesús? Tuvieron que desandar el recorrido que habían hecho, nuevamente a Jerusalén, donde estuvieron tres largos días en la búsqueda de su hijo de doce años. ¡Qué alivio cuando lo encontraron en el templo hablando con los maestros de la ley! Ella recordó la primera pregunta que le había hecho: "Hijo, ¿por qué nos has hecho así? He aquí, tu padre y yo te hemos buscado con angustia".

Su respuesta le había dado una punzada. "¿Por qué me buscabais? ¿No sabíais que en los negocios de mi Padre me es necesario estar?". ¿Qué pudo haber querido decir con eso? ¿No entendía Él que, como sus padres, ellos tenían el derecho de estar preocupados?

Este hijo, que les había brindado tanto amor y gozo otras veces, ¡los había dejado perplejos! Ellos siempre habían contado con su obediencia. ¿Quién era este Padre del que Él hablaba? Cuando el ángel había dicho que sería llamado Hijo del Altísimo, ¿le estaba diciendo que Jesús nunca podría ser simplemente hijo de ellos?

Después, demasiado rápido, el niño Jesús dejó de ser un niño. Había dejado la carpintería de Nazaret y se había puesto una túnica blanca de rabino o maestro. Pero las noticias que ahora se divulgaban en Nazaret hacían que los rumores que había soportado durante la niñez de Jesús parecieran insignificantes. ¡Todos decían que su hijo estaba fuera de sí! Hasta sus otros hijos pensaban lo mismo.

Mientras María caminaba con pesadez por el camino polvoriento rumbo a Nazaret, después de aquel doloroso encuentro con su primogénito, puede que también haya recordado las palabras que Él le había dicho en aquella boda de Caná (Jn. 2:1-11). El vino se había acabado. Cuando ella le contó a Jesús acerca del apuro en el que se encontraba el novio, Él se dirigió a ella y le preguntó: "¿Qué tienes conmigo, mujer?". ¡Aquello había dolido! En ese momento, ella había tratado de no pensar en ello. Pero ahora era otra la pregunta dolorosa: "¿Quién es mi madre?".

En aquellos momentos de espera fuera de la casa donde Jesús estaba enseñando, María debe haber sentido todo el peso del rechazo cuando Jesús respondió a su propia pregunta: "...todo aquel que hace la voluntad de Dios, ése es mi hermano, y mi hermana, y mi madre".

A medida que se acercaba a Nazaret, caminaba con más pesadez, mientras revivía el dolor de las palabras de Jesús. ¡Si alguien tenía un reclamo que hacerle, seguramente era ella! El camino difícil del discipulado para María significaba dejar a un lado su relación especial con Jesús como su madre, para relacionarse con Él dentro de la familia de la fe en obediencia a Dios. ¿Podría María la madre convertirse en María la discípula?

* * *

Simeón había profetizado que una espada traspasaría su alma. Ella volvió a sentir el aguijón de aquella espada un viernes negro. La larga caminata desde Nazaret hasta Jerusalén para la fiesta de la Pascua había sido extenuante. Cuando vio a Jesús que enseñaba en el templo, pensó que se veía muy viejo, muy cansado, muy desanimado. A dondequiera que iba, las personas corrían para verlo, escucharlo o ver cómo sanaba a los enfermos. Pero los líderes religiosos de la nación siempre se oponían a Él.

Cuando María estuvo parada al pie de la cruz romana aquel viernes negro, volvió a pensar que este, su hijo, parecía haber elegido el camino de la confrontación con las autoridades religiosas. Los rumores nunca habían cesado. Parecía que Él siempre decía algo controversial o hacía algo en el sábado, lo cual contrariaba a los sacerdotes y fariseos. ¡En realidad, parecía que Él prefería sanar a los enfermos en el sábado! ¿Tenía que echar a los cambistas y estafadores del templo con un látigo? ¿Tenía que decirles semejantes hostilidades a los fariseos? Si solo hubiera visto la importancia de estar del lado de las personas en el poder.

María volvió a pensar en aquel día cuando ella y sus otros hijos habían ido a buscar a Jesús para llevarlo a casa. ¡Si solo hubiera ido con ellos! ¡Este terrible momento de la crucifixión podría haberse evitado!

A veces agazapada contra las rocas cercanas para sostenerse, a veces apoyada en las otras mujeres de Galilea, observaba con impotencia cómo su hijo primogénito se debilitaba más y más. ¿Existe manera más cruel de morir que esta? Ella se forzaba a mirar aquel cuerpo humano —que una vez había llevado en su propio cuerpo— ahora suspendido entre el cielo y la tierra por dos clavos que atravesaban sus manos y lo clavaban a una viga transversal. Trataba de respirar por Él al ver cómo se iba asfixiando lentamente.

¿Qué había pasado con la promesa del ángel Gabriel de que su hijo "[sería] grande, y [sería] llamado Hijo del Altísimo"? ¿Cómo podría terminar todo de esta manera cuando el ángel le había dicho tan gloriosas palabras hacía tantos años?

Mientras María estaba allí, inmersa en su dolor, escuchó a Jesús que le hablaba desde la cruz. Su voz era débil: "Mujer, he aquí tu hijo". Después le dijo a Juan: "He ahí tu madre". No mucho después, exclamó y dijo: "Consumado es", y falleció. Sin embargo, en aquellos últimos momentos antes de su muerte, María recibió el abrigo de las palabras de amor de su hijo que la cobijaron de aquel frío viento y oscuro cielo. En aquel momento en el que perdió a su hijo, María recibió a una nueva familia. Juan, el discípulo amado, la llevó a su casa para consolarla y cuidarla.

"¿Quién es mi madre?". "Todo aquel que hace la voluntad de Dios, ése es mi hermano, y mi hermana, y mi madre". María había vivido en tensión a lo largo de todo el ministerio terrenal de Jesús: tensión entre el vínculo de la familia física y el vínculo de la familia de la fe. Ahora, al pie de la cruz, convergían los dos roles. El regalo de Jesús para ella en aquellos últimos momentos antes de su muerte fue restaurar su rol como madre en un nuevo contexto.

Encontramos a María una vez más en la Biblia. La historia se encuentra en Hechos 1:12-14. Jesús acababa de ascender al cielo.

> Entonces [los discípulos] volvieron a Jerusalén desde el monte que se llama del Olivar, el cual está cerca de Jerusalén, camino de un día de reposo.
>
> Y entrados, subieron al aposento alto, donde moraban Pedro y Jacobo, Juan, Andrés, Felipe, Tomás, Bartolomé, Mateo, Jacobo hijo de Alfeo, Simón el Zelote y Judas hermano de Jacobo.
>
> Todos éstos perseveraban unánimes en oración y ruego, con

las mujeres, y con *María la madre de Jesús*, y con sus hermanos (cursivas añadidas).

En nuestro último vistazo de María, ella se encuentra en una reunión de oración con los otros seguidores de Cristo. En el proceso de transición al discipulado, ella pasó de los frágiles vínculos de una familia humana a los fuertes vínculos de la familia de la fe.

A diferencia de esta mujer, nosotras no tenemos una relación biológica con el Hijo de Dios que se nos interponga. Ninguna de nosotras ha atravesado alguna vez el camino escabroso que María tuvo que atravesar. Aún así, puede que nos encontremos inventando nuestra propia manera de relacionarnos con Jesucristo, que está lejos de ser lo que Dios quiere.

"¿Quién es... mi hermana?... [Toda aquella] que hace la voluntad de Dios... es mi hermana". Nada menos lo hará. La familia de Dios es una familia de fe. La fe significa confiar en que Dios hará lo mejor para nosotras, mientras nosotras hacemos lo que Él nos pide que hagamos. Nuestra relación con Jesucristo comienza y se desarrolla solo sobre un principio básico: hacer la voluntad de Dios. No lo podemos substituir por ninguna otra cosa.

Es fácil para muchas de nosotras, a quienes Dios nos ha bendecido con una familia, permitir que esta se anteponga a nuestra relación con Él. Enfrentadas a las presiones antifamilia de nuestra cultura, queremos desprendernos de la tendencia a la impiedad que nos rodea, al hacer que nuestra máxima prioridad sea tener una familia fuerte. ¿Está mal? La respuesta es: sí, cuando nuestra familia se convierte en nuestra máxima prioridad.

Jesús fue claro: "Si alguno viene a mí, y no aborrece a su padre, y madre, y mujer, e hijos, y hermanos, y hermanas, y aun también su propia vida, no puede ser mi discípulo" (Lc. 14:26).

Una familia fuerte es una buena meta. Pero no puede ser nuestra primera meta. El compromiso con Jesucristo debe estar antes que todos los otros compromisos.

Una parte importante de nuestro discipulado como mujeres cristianas es aprender a fusionar el hecho de ser una seguidora de Jesucristo con ser una vecina, una maestra, una esposa o una amiga. Si nuestro enfoque está en nuestro rol como esposa y madre, en vez de en nuestra relación con Dios, puede que Él necesite alterar nuestra idea respecto a las prioridades. Es duro descubrir que lo que pensábamos que era extremadamente importante para nosotras, a Dios no le importa en absoluto. Para ayudarnos a aprender esto, Él a veces causa un desorden en nuestra vida.

Cuando esto sucede, puede que concluyamos en que todo lo que considerábamos importante ya no existe. Pero cuando volvemos a mirar a María en aquel día sombrío al pie de la cruz, sabemos que Dios está presente aun en nuestros momentos de pérdida más devastadores. Jesús la despojó de su rol de madre para con Él, para devolverle la maternidad en un nuevo contexto dentro de la familia de Dios.

Los roles cambian. Una mujer podría perder su rol de esposa debido a la muerte de su esposo. Otra mujer puede perder su rol de esposa debido al divorcio. La maternidad puede ser arrebatada por la muerte de un hijo. Esta clase de duro discipulado nos detiene en seco. ¿Podemos en momentos así conocer en profundidad al Dios que ve nuestras lágrimas?

La esencia del discipulado es aprender a conocer a Dios, saber que Él es completamente digno de confianza y, en consecuencia, hacer su voluntad. Como discípulas ponemos más y más confianza en que Él hará que todas las cosas sean para nuestro bien cuando hacemos su voluntad. Cuando conocemos a Dios de esta manera, podemos confiar en que "...la obra de nuestras manos [Él] confirma sobre nosotros..." (Sal. 90:17).

Él podría confirmar nuestro rol en la familia. Él podría darnos nuevos roles que sean satisfactorios. Sin embargo, todos nuestros roles deben desempeñarse en el contexto de la obra de Dios y la familia de Dios. Sobre este fundamento edificamos todo lo demás.

Como discípulas, aprendemos que todas nuestras relaciones humanas ocupan un segundo lugar respecto a nuestra relación con el Señor, nuestro Creador y Salvador Jesucristo. El punto de partida para cada una de nosotras como seguidoras de Jesucristo es permitir que Dios sea Dios en nuestra vida. Confiamos en Él y le obedecemos porque es Dios.

La buena noticia es que cuando hacemos esto, Dios entra a nuestra vida desordenada y confirma la obra de nuestras manos. Nos da sabiduría, la habilidad para vivir la vida sabiamente. Esta sabiduría podría cambiar nuestros valores y nuestras prioridades, pero además fusiona nuestro discipulado con nuestra vida cotidiana de una manera que trae contentamiento y aun gozo.

María sobrevivió a la humillación. Sobrevivió a la confusión respecto a Jesús y su misión. Sobrevivió a su muerte. Vivió para verlo resucitado y glorificado. Vivió para llegar a ser una parte integral de la familia de Dios al dejar sus privilegios especiales y tomar su lugar como seguidora del Hijo de Dios. "¿Quién es mi madre?... Todo aquel que hace la voluntad de Dios, ése es mi hermano, y mi hermana, y mi madre".

Preguntas para la reflexión personal o el debate grupal:

1. A lo largo de todo el ministerio terrenal de Jesús, María vivía con una tensión entre su punto de vista del vínculo con la familia física y el vínculo con la familia de la fe. ¿Cómo se resolvió esa tensión en ella?

2. ¿De qué manera vivimos nosotras también como mujeres cristianas del siglo XXI con la tensión entre nuestra familia física y la familia de Dios?

3. ¿Qué significa "hacer la voluntad de Dios"?

4. ¿Cómo influye hacer la voluntad de Dios en nuestras prioridades?

3

LA MUJER DEL POZO
CÓMO ENFRENTARTE A TI MISMA TAL CUAL ERES

Hace poco una amiga me pidió que revisara un video para usar en clase, en el cual yo aparecía como panelista. Sin pensarlo mucho, inserté el casete en la videograbadora y pulsé la tecla de encendido. Mí única intención era hacer un comentario crítico acerca del contenido del debate. Pero, de repente, me vi en la pantalla del televisor y me acerqué. Mientras estaba en mi estudio y veía cómo gesticulaba, cómo hablaba y me reía, me sentía intrigada y preocupada. Allí me di cuenta de que nunca antes me había visto en una cinta de video. Robert Burns una vez oró por el don de "vernos a nosotros mismos como nos ven los demás". Esto me estaba sucediendo por primera vez. ¡Dios mío! ¡Eso es lo que los demás tienen que soportar cuando yo estoy cerca!

Me horroricé, pues cuando me miro en el espejo, recibo una respuesta visual inmediata y puedo cambiar instantáneamente mi expresión facial a una más agradable; pero la cámara me había tomado "tal cual soy". Dos horas de "tal cual soy".

La Biblia nos habla de una mujer que se encontró con un hombre que la conocía "tal cual era". Parece que este hombre no tenía razón para conocerla, mucho menos para preocuparse por ella. Aquel hombre era Jesús. Da la impresión de que el encuentro de Jesús con esta mujer había sido por casualidad; pero no fue así. Lo podemos ver más adelante en la historia.

A pesar de las cosas buenas que hacía, Jesús continuamente alteraba el statu quo religioso. Una y otra vez, se levantaba en contra de los escribas, fariseos y maestros de la ley. Los había exacerbado al echar del templo a todos los mercaderes inescrupulosos, que estaban estafando a los pobres peregrinos que iban a Jerusalén para la fiesta de la Pascua. Pero aún no era tiempo para forzar la situación con estos líderes religiosos. En vez de seguir su misión cerca de la capital judía en la provincia de Judea, decidió regresar a Galilea para continuar con su ministerio.

Nuestra historia se encuentra en Juan 4:1-6:

> Cuando, pues, el Señor entendió que los fariseos habían oído decir: Jesús hace y bautiza más discípulos que Juan (aunque Jesús no bautizaba, sino sus discípulos), salió de Judea, y se fue otra vez a Galilea.
>
> Y le era necesario pasar por Samaria.
>
> Vino, pues, a una ciudad de Samaria llamada Sicar, junto a la heredad que Jacob dio a su hijo José.
>
> Y estaba allí el pozo de Jacob. Entonces Jesús, cansado del camino, se sentó así junto al pozo. Era como la hora sexta.

El escritor Juan resalta el punto geográfico; algo que vale la pena analizar. Una mirada del mapa de Palestina en la época del Nuevo Testamento muestra la provincia de Galilea al norte, la provincia de Judea al sur y la región de Samaria en medio. Parece lógico que cualquiera que fuera de Judea a Galilea tuviera que atravesar Samaria.

No necesariamente. La mayoría de los judíos no querían tener contacto con los samaritanos, por lo que preferían hacer un recorrido más largo para no tener que atravesar suelo samaritano. Desde Jerusalén caminaban treinta kilómetros más al este hasta Jericó, cruzaban el río Jordán, después viajaban al norte a través de la provincia de Perea hasta que podían volver a cruzar el Jordán y entrar a Galilea. El recorrido era casi el doble de la ruta directa a través de Samaria.

Los judíos y samaritanos eran acérrimos enemigos, semejante a los judíos y árabes de hoy día. Allá por el 722 a.C., los invasores asirios capturaron Siria y luego las diez tribus israelitas del norte. Samaria había sido la capital de estas diez tribus. Los asirios seguían el mismo patrón que habían usado en todas sus conquistas sobre suelo judío: reunían a todas las personas que podían mantener el sentido de identidad nacional viva —nobles, eruditos, soldados, ricos— y los transportaban a otras tierras, donde los esparcían por todo el imperio. Después llevaban extranjeros a la tierra que habían conquistado para que se establecieran allí y se casaran con las personas más débiles que habían quedado. Esto había sucedido en Samaria siete siglos antes que Jesús naciera. Los samaritanos eran una raza cruzada.

Siete siglos más tarde, cuando a los judíos exiliados se les permitió regresar a Jerusalén para reedificar el templo, los samaritanos ofrecieron ayuda. Pero los judíos se negaron a permitir que cualquiera que no fuera racialmente puro ayudara con esta tarea sagrada. Los desairados samaritanos levantaron un templo rival sobre el monte Gerizim cerca de Sicar.

Tan fuerte era el odio de los judíos hacia los samaritanos que una ordenanza rabínica bien conocida declaraba: "Que ningún israelita coma bocado de nada que sea samaritano, pues si comiere bocado, será como si comiere carne de cerdo". ¡Qué palabras tan fuertes! Más adelante, en Lucas 9:53, encontramos a Jesús y sus discípulos en un recorrido diferente al tratar de cruzar Samaria, donde en una aldea no fueron recibidos. Los samaritanos odiaban a los judíos tanto como los judíos odiaban a los samaritanos. Sin embargo, la Biblia nos dice que a Jesús "le era necesario pasar por Samaria".

Era un recorrido difícil. El camino era sinuoso y tortuoso, pues atravesaba la cadena montañosa central. Cansado, Jesús se sentó junto al pozo de Jacob para descansar, mientras sus discípulos iban al pueblo cercano de Sicar a comprar alimentos. Sentado allí bajo el sol abrasador del mediodía, pudo divisar a la mujer solitaria que venía de la colina con un cántaro de agua sobre su hombro.

Sabemos muy poco acerca de esta mujer anónima, excepto que se había casado cinco veces y, en ese momento, estaba viviendo con un hombre que no era su marido. No sabemos qué había sucedido con los cinco maridos que había tenido en uno u otro momento. Puede que algunos o todos hubieran muerto. Puede que algunos o todos se hubieran divorciado de ella.

Una cosa es clara: si alguno de sus matrimonios se había disuelto por divorcio, ella no había iniciado el procedimiento judicial. A diferencia de hoy día, una mujer del primer siglo no tenía ese derecho. Solo un hombre podía terminar un matrimonio por divorcio. Era parte de la ley de Moisés bajo la cual vivían tanto los judíos como los samaritanos. Moisés había explicado la ley en Deuteronomio 24:1-4:

> Cuando alguno tomare mujer y se casare con ella, si no le agradare por haber hallado en ella alguna cosa indecente, le escribirá carta de divorcio, y se la entregará en su mano, y la despedirá de su casa.
>
> Y salida de su casa, podrá ir y casarse con otro hombre.
>
> Pero si la aborreciere este último, y le escribiere carta de divorcio, y se la entregare en su mano, y la despidiere de su casa; o si hubiere muerto el postrer hombre que la tomó por mujer, no podrá su primer marido, que la despidió, volverla a tomar para que sea su mujer, después que fue envilecida; porque es abominación delante de Jehová, y no has de pervertir la tierra que Jehová tu Dios te da por heredad.

Esta complicada ley prohibía que un hombre se volviera a casar con una mujer de la que previamente se había divorciado. Los rabinos, sin embargo, habían cambiado el énfasis del nuevo casamiento al usar el pasaje para decidir las bases sobre las cuales un hombre podía divorciarse de su esposa. Ellos se enfocaban en la causa por la cual una mujer podía no agradar a su esposo.

La escuela rabínica de Sama había asumido una perspectiva estricta y enseñaba que solo alguna acción contraria a las reglas de la virtud —como el adulterio— justificaba el divorcio. Pero Hilel, discípulo de Sama, enseñaba lo opuesto: "por haber hallado en ella alguna cosa indecente" podía significar algo que desagradara a su esposo, como por ejemplo, demasiada sal en la comida. Por lo tanto, un hombre judío que quisiera divorciarse de su esposa podía optar por las enseñanzas del rabí Hilel si eso le convenía.

¿Quién sabe qué sucedió con los cinco maridos de nuestra mujer anónima? Si ella resultó ser una mala cocinera —o peor aún, si no podía concebir hijos— o cualquier otra cosa que "desagradara" a su marido, ella podía pasar de marido en marido como si fuera una moneda falsa. ¿Qué debe haber significado para ella las cinco experiencias de pérdida o rechazo? El dolor de la pérdida, que se experimenta una vez, es un dolor del cual muchas mujeres nunca se recuperan. ¿Cómo se debe de haber sentido al experimentar ese dolor no una o dos veces, sino cinco veces? Un sentido de fracaso. Una bofetada a la autoestima. Pánico, al preguntarse qué sería de ella después. Desechada de la casa de su marido, sin nada más que un pergamino en su mano que le permitiera volver a casarse para intentarlo otra vez.

Aún peor, una mujer del siglo primero no podía obligar a su marido a darle una carta de divorcio para que ella pudiera volver a casarse. Puede que esta mujer solitaria que se acercaba al pozo de Jacob con un cántaro de agua sobre su hombro haya tenido que luchar con este problema. Era casi imposible que una mujer sola sobreviviera sin el sostén de un hombre en aquella época. Si su último marido se había negado a darle una carta de divorcio, puede que se haya encontrado forzada a vivir con un hombre con el que no era libre de casarse.

Independientemente de lo que le había sucedido a esta mujer, Jesús vio que se acercaba al pozo al mediodía, a la hora sexta, la hora más calurosa del día. La mayoría de las mujeres iban al pozo a primera hora de la mañana o al anochecer, cuando estaba más fresco. ¿Habría decidido esta mujer ir al pozo para buscar agua cuando pensaba que nadie más estaría allí? ¿Estaba intentado escapar de las miradas de las personas del pueblo que la menospreciaban? Jesús vio que caminaba con pesadez hacia el pozo, cansada por el peso de años de pérdida o rechazo.

Mientras se acercaba al pozo, ella lo vio sentado allí. ¿Quién era Él? Solo las mujeres sacaban agua, excepto los pastores que les daban agua a sus ovejas. Pero no había ovejas. Era evidente que ese hombre no era un pastor. Estaba vestido con una larga túnica blanca de rabí o maestro.

Aún más sorprendente, Él le dijo: "Dame de beber". Para nosotras ese simple pedido no es ofensivo. Pero en ese momento, Jesús rompió con dos fuertes costumbres judías.

Primero, un hombre judío no podía hablarle a una mujer en público. Si el hombre era un rabí o maestro religioso, puede que ni siquiera saludara a su propia esposa cuando se cruzaba con ella en la calle. Era un precepto de los moralistas judíos que "un hombre no debería saludar a una mujer en un lugar público, ni siquiera a su propia esposa".

A algunos fariseos se los denominaba "fariseos magullados y sangrientos", porque siempre que veían a una mujer en público, cerraban los ojos. No es de sorprenderse que a veces se chocaran con las paredes y se lastimaran. ¡Una extraña evidencia de espiritualidad! Sin embargo, Jesús no estaba limitado por las costumbres de su época en el modo de dirigirse a una mujer.

La segunda costumbre que Jesús rompió fue beber de un vaso contaminado que estaba en manos de una despreciada mujer samaritana. Era una mujer. Era una samaritana. Para colmo, vivía con un hombre que no era su marido, y eso hacía que fuera impura. Doble peligro. El vaso era dos veces "impuro": porque estaba en manos de una samaritana y porque la samaritana que lo tenía era impura.

Aquel día, cualquier otro hombre en el pozo de Jacob hubiera ignorado a la mujer samaritana. Las barreras de raza, religión, sexo, carácter y posición social eran demasiado grandes. Pero Jesús era diferente. Él había escogido este lugar para descansar, porque una mujer sola y triste necesitaba escuchar una palabra de esperanza.

—Dame de beber —le pidió.

Esta cautelosa mujer de mundo, ante su pedido, le preguntó:

—"...¿Cómo tú, siendo judío, me pides a mí de beber, que soy mujer samaritana?..." (Jn. 4:9).

Esta pregunta quedó suspendida en el aire sin una respuesta, porque Jesús continuó con el tema de su primer pedido: "Si conocieras el don de Dios, y quién es el que te dice: Dame de beber; tú le pedirías, y él te daría agua viva" (Jn. 4:10).

¿Qué clase de enigma era este? Él le había pedido de beber. Después le dijo que tenía agua "viva" para darle. ¿Era este un doble mensaje?

Jesús le pidió agua para entablar una conversación. Y también tenía un final diferente en vista. Quería despertar en esta mujer dos cosas: una conciencia de su necesidad y del deseo de Dios de suplir su necesidad. Por eso le dijo dos cosas que ella no sabía: no conocía "la dádiva de Dios" y no sabía quién le había hablado aquel día.

Parada bajo aquel sol abrasador, importunada por este extraño que rompió con las costumbres al hablar con ella, pero intrigada por su ofrecimiento, decidió seguirle la conversación:

> La mujer le dijo: Señor, no tienes con qué sacarla, y el pozo es hondo. ¿De dónde, pues, tienes el agua viva? ¿Acaso eres tú mayor que nuestro padre Jacob, que nos dio este pozo, del cual bebieron él, sus hijos y sus ganados? (Jn. 4:11-12).

Una buena serie de preguntas. Ella pudo ver que Jesús no tenía manera de sacar agua del pozo. ¿Era Él algún trabajador milagroso, más grande que el patriarca Jacob, que podía producir agua viva?

El agua "viva" era más deseable que cualquier otra agua. Era de una fuente o un manantial, como el agua mineral "Perrier". El agua del pozo de Jacob era buena, pero no era agua que fluía o agua viva. El pozo se reabastecía con el agua de lluvia y filtración. No era alimentado por una fuente o arrollo subterráneo. No era agua "viva".

Algunos eruditos bíblicos critican a esta mujer por interpretar literalmente las palabras de Jesús. Pero ¿era poco común? En Juan 3, Nicodemo no podía entender el nuevo nacimiento y lo confundía con una experiencia física. Más tarde, en Juan 4, los discípulos confundieron la comida que Jesús dijo que tenía al interpretar su metáfora como comida literal.

"¿Eres tú más grande que nuestro padre Jacob?", preguntó la mujer. Por el momento, Jesús volvió a soslayar su pregunta. Ella obtendría su respuesta cuando tuviera una perspectiva diferente y pudiera entenderlo. En cambio, le volvió a recordar rápidamente su promesa de agua viva en los versículos 13 y 14:

> ...Cualquiera que bebiere de esta agua, volverá a tener sed; mas el que bebiere del agua que yo le daré, no tendrá sed jamás; sino que el agua que yo le daré será en él una fuente de agua que salte para vida eterna.

Ella lo miró abruptamente. Sí, la primera parte de lo que dijo era cierto. Día tras día, año tras año, ella había cargado fatigosamente su cántaro de agua desde Sicar hasta el pozo y viceversa. Cualquiera que bebiera de esa agua tendría sed otra vez. Aquello era suficientemente claro. ¿No sería maravilloso dejar de ir al pozo todos los días? ¿Podía este rabino judío cumplir semejante promesa?

La clave de la aseveración de Jesús es la verdad fundamental de que nuestro corazón tiene sed de algo que solo el Dios eterno puede satisfacer. En cada una de nosotras, vive este anhelo anónimo por lo eterno. San Agustín lo expresó bien: "Nuestro corazón no hallará descanso hasta que encuentre su descanso en ti, oh Dios". Hay una sed que solo Jesucristo puede satisfacer.

Pero nuestra mujer samaritana todavía no lo había comprendido. Ella podía pensar solo en un suministro de agua que la relevara de su recorrido diario de la aldea al pozo. ¿Cómo podía Jesús estimular un deseo espiritual en la mente de ella? Para hacerlo tuvo que cambiar de tema. Sigue su conversación en Juan 4:15-19:

La mujer le dijo: Señor, dame esa agua, para que no tenga yo sed, ni venga aquí a sacarla.

Jesús le dijo: Ve, llama a tu marido, y ven acá.

Respondió la mujer y dijo: No tengo marido. Jesús le dijo: Bien has dicho: No tengo marido; porque cinco maridos has tenido, y el que ahora tienes no es tu marido; esto has dicho con verdad.

Le dijo la mujer: Señor, me parece que tú eres profeta.

—Ve, busca a tu esposo.

—Señor, no tengo esposo.

—¡Correcto! Tuviste cinco esposos, pero el hombre que ahora vive contigo no es tu esposo.

¡Ups! Atrapada "tal cual era".

Una conversación interesante. Hasta ese momento, Jesús había estado haciendo una descripción verbal del agua viva que satisface, para que el que bebe no tenga sed jamás. Pero la mujer samaritana no podía encontrarle relación a lo que Él decía. Jesús hizo un giro en la conversación para ser más personal y explícito. Ella no se había dado cuenta aún, pero Jesús ya le había comenzado a dar agua viva.

El Señor no la juzgó. No la ofendió. Simplemente quiso verificar si le estaba diciendo la verdad. Sin embargo, en aquella aseveración, Él le quitó la máscara, y ella quedó expuesta con su bochornoso secreto claramente visible ante Él. Ella se confrontó con lo que en verdad era, que es como Él la veía. Cuando nos quitamos nuestra máscara y nos vemos tal cual somos, estamos bebiendo ese primer sorbo de agua viva sobrenatural.

Los comentaristas critican a la mujer samaritana por cambiar de tema deliberadamente cuando Jesús comenzó a indagar acerca de su situación matrimonial. Es posible que no estuviera siendo evasiva. En el versículo 9, ella se refirió a Jesús como simplemente un judío. En el versículo 12, se preguntaba si Él era un judío más grande que su predecesor Jacob. Ahora en los versículos 19 y 20, comenzó a sospechar que Él podría ser un profeta. Si ese era el caso, era apropiado traer a colación una pregunta que es muy probable que la atormentara:

> Nuestros padres adoraron en este monte, y vosotros decís que en Jerusalén es el lugar donde se debe adorar.

Estas dos personas —el rabino judío y la mujer samaritana— siguieron hablando a la sombra de estas dos grandes montañas, Ebal y Gerizim, donde los samaritanos concurrían para adorar. Al reconocer su pasado en presencia de un profeta, puede que ella haya sentido la necesidad de llevar una ofrenda por el pecado y se haya preguntado a dónde llevarla. Su ansiedad espiritual al tener su pecado expuesto podría haberla empujado a tomar su religión muy en serio.

Jesús no volvió a hablar de sus muchos maridos y su relación actual; sino que tomó seriamente su pregunta y la respondió con cuidado (vv. 21-24).

> …Mujer, créeme, que la hora viene cuando ni en este monte ni en Jerusalén adoraréis al Padre.
>
> Vosotros adoráis lo que no sabéis; nosotros adoramos lo que sabemos; porque la salvación viene de los judíos.
>
> Mas la hora viene, y ahora es, cuando los verdaderos adoradores adorarán al Padre en espíritu y en verdad; porque también el Padre tales adoradores busca que le adoren.
>
> Dios es Espíritu; y los que le adoran, en espíritu y en verdad es necesario que adoren.

La pregunta de la mujer samaritana se refería a la adoración religiosa externa. Jesús quería que ella conociera una clase diferente de adoración, una adoración interna. En el proceso, no respondió su pregunta respecto a dónde adorar exactamente. En cambio, la llevó a un lugar donde su pregunta se volvió irrelevante. En su preocupación por el lugar de adoración, ella había pasado por alto el objeto de la adoración: Dios. Cuando Jesús le respondió que la

adoración espiritual del Padre es lo que importa, Él la abstrajo de
los montes santos, los templos y los rituales.

> Le dijo la mujer: Sé que ha de venir el Mesías, llamado el Cristo;
> cuando él venga nos declarará todas las cosas.
> Jesús le dijo: Yo soy, el que habla contigo (Jn. 4:25-26).

¿Era esto posible? ¡El Mesías de Dios no malgastaría el tiempo
hablando con una mujer deshecha en un pozo de Samaria! Pero
¿podía ella dudar de su palabra? Él le había dicho cosas de ella
que solo un profeta de Dios podía saber. Había respondido seriamente sus preguntas respecto a la adoración. Ella sabía que no
entendía todo lo que decía, pero de algún u otro modo sabía que
podía creer en su palabra. En su encuentro con Jesús, ella hizo el
recorrido hasta la fe. Lo sabemos por sus acciones. Reanudamos
la historia en el versículo 27:

> En esto vinieron sus discípulos, y se maravillaron de que
> hablaba con una mujer; sin embargo, ninguno dijo: ¿Qué pregun-
> tas? o, ¿Qué hablas con ella?
> Entonces la mujer dejó su cántaro, y fue a la ciudad, y dijo a los
> hombres: Venid, ved a un hombre que me ha dicho todo cuanto he
> hecho. ¿No será éste el Cristo?
> Entonces salieron de la ciudad, y vinieron a él.

Ella no lo tenía todo en claro. Pero había recibido lo suficiente
como para motivarse a predicar las buenas nuevas a otros. En el
versículo 39, aprendemos que "...muchos de los samaritanos de
aquella ciudad creyeron en él por la palabra de la mujer, que daba
testimonio...". Ellos le rogaron a Jesús que se quedara a enseñarles.
Entonces se quedó dos días más "y creyeron muchos más por la
palabra de él" (v. 41).

¿Qué resultó de la vida de la mujer? No lo sabemos. Sabemos que
Jesús no la condenó. Simplemente le hizo saber que Él la conocía,

que la conocía realmente bien en profundidad. No la menospreciaba ni la condenaba por el hecho de conocerla. Jesús discipuló a la mujer del pozo de Jacob al llevarla a aceptar la realidad de su vida tal cual era, sin encubrirla.

Para saciar nuestra sed, debemos comenzar por saber que Dios nos conoce y que aun así nos acepta. Seguir a Jesús significa tener una clara visión de la realidad de nuestra vida sin pasarla por alto. No hay nada como enfrentar la realidad de nosotras mismas para ayudarnos a ver nuestra necesidad de Dios.

Hace más de veinte años, trabajé con dos amigas, Annabelle Sandifer y Jeannette Evans, para alcanzar a las mujeres de Paris, Francia, con las buenas nuevas de la vida eterna a través de Jesucristo. Organizábamos almuerzos, cafés, estudios bíblicos, retiros de mujeres y cualquier actividad que se nos ocurriera para poder hablarles de Cristo a las mujeres.

Para ampliar nuestro programa de extensión, un año decidimos enviar invitaciones para almuerzos navideños a las madres de todos los estudiantes de la prestigiosa escuela estadounidense de Paris. Entre otras respuestas al almuerzo, recibimos una tarjeta de reserva de una tal Sra. Parker. Ninguna de nosotras la conocía.

Media hora antes que comenzara el almuerzo, mientras el comedor aún estaba vacío, vi a una mujer que lucía de manera espectacular que entraba a la habitación, de alguna manera, recatadamente. Vestida con un espléndido traje bajo una amplia capa, completaba el espectáculo visual con un enorme sombrero de piel. Un poco intimidada por su elegancia, puse mi mejor sonrisa y atravesé la habitación para recibirla. Sí, era la Sra. Parker, pero era evidente que tenía dudas respecto a asistir al almuerzo. Respondió a mi saludo de bienvenida evasivamente y se alejó de mí tan pronto como pudo escabullirse hacia la ventana desde donde contemplaba el tráfico de las calles de Paris.

El almuerzo parecía transcurrir bien. Aquel mediodía, nuestra oradora era una mujer cristiana reconocida, vivaz, sofisticada, la clase de mujer que podría disfrutar la Sra. Parker. Sin embargo, parecía aburrida. La oradora terminó su prédica diciendo: "Si alguna de ustedes necesita oración, levante su mano y estaré gustosa de hacerlo".

Eso enardeció a la Sra. Parker. "¡Qué descaro! —estalló—. ¿Quién se piensa que es para ofrecerse a orar por mí?". Con eso, recogió su cartera y su capa, y se dirigió hacia la puerta. En la evaluación sobre aquel almuerzo, Annabelle, Jeannette y yo hablamos sobre la Sra. Parker y su molesta partida. Estábamos seguras de que no la volveríamos a ver.

Nos equivocamos. Algunos meses más tarde, auspiciamos un retiro para mujeres en el sur de Paris. Edith Schaeffer de L'Abri de Suiza aceptó tener a su cargo la predicación. Se hicieron más de doscientas reservaciones. ¡Estábamos entusiasmadas! Entonces, un día llegó la reservación de la Sra. Parker. ¿Qué sucedería esta vez? ¿Nos avergonzaría nuevamente?

El retiro comenzó bien. El clima era perfecto. Edith Schaeffer estremecía a su audiencia una y otra vez con historias de la obra de Dios en la vida de toda clase de hombres y mujeres. Pero las tres estábamos pendientes de la Sra. Parker, que aún no había llegado.

Apareció durante la sesión de la tarde y encontró un lugar en la parte trasera del salón de reunión, que estaba repleto. Yo la miraba de reojo para ver si tenía alguna reacción positiva para con la oradora, pero su rostro estaba impasible. Cuando la sesión finalizó, la Sra. Parker parecía evadir nuestra tentativa de acercamiento al hojear los libros de nuestra mesa de literatura.

Después, le habló a la callada mujer que vendía los libros. "Mi hija acaba de convertirse". Marjorie no estaba segura de cómo responder. "Igual que mi hermana en los Estados Unidos —siguió diciendo la Sra. Parker—. Ella me envía libros cristianos". Al sentir que necesitaba hablar de eso, Marjorie se ofreció a llevarla de regreso a Paris cuando terminara el retiro.

En el viaje de regreso a la ciudad, la Sra. Parker hablaba acerca de religión, cristianismo, iglesias y malas experiencias que había tenido con algunos cristianos cuando era joven. Marjorie escuchaba, respondía y oraba.

Es difícil imaginar a dos mujeres más diferentes una de la otra. Marjorie había llegado a Paris para una terapia física después de quedar lisiada como consecuencia de la polio en África central, donde prestaba servicios como misionera. La Sra. Parker vivía en la parte más ostentosa de Paris. Dos mujeres completamente diferentes en estilo, valores y metas. Sin embargo, entre ellas creció una profunda amistad al hablar día tras día acerca de lo que significa ser cristiana. Dos semanas más tarde, la Sra. Parker alcanzó la salvación a través de Jesucristo. Se unió a su hija y su hermana para formar parte de la familia de Dios.

Una noche, en la cena con un editor francés y su esposa, mencioné a la Sra. Parker y que se había convertido recientemente después de un retiro de mujeres. Paul hizo un gesto de asombro cuando mencioné su nombre.

—¿Has dicho Dorian Parker? —preguntó Paul.

—Sí, ¿la conoces?

—¿Si la conozco? ¡Todo Paris la conoce!

—Entonces, por favor, ¡dime quién es!

—Es DORIAN, comúnmente conocida como la mujer más bella del mundo.

Fue la primera chica Revlon de principios de la década de los cincuenta; una de las mujeres más fotografiadas del mundo. Una modelo estelar en Paris, quien más tarde abrió la agencia de modelos más grande de Europa. Se casó cinco veces y dio a luz a cinco hijos, pero no siempre hijos del hombre con quien estaba casada en ese momento.

Dorian. Después de alcanzar un enorme éxito, su vida había comenzado a desintegrarse. Debido a una deuda al gobierno francés por impuestos retroactivos, pronto se cerraría su compañía. En la cruel competencia del modelaje internacional, la socia de su compañía la traicionó. Su amor, un conde español y padre de su hijo menor, había muerto en un accidente de carrera. Su hijo era adicto a las drogas y le iba mal en la escuela. La vida no era hermosa.

Después de tres décadas de vivir sin pensar mucho en las personas de quienes se había aprovechado, se enfrentó a sí misma y no le gustó lo que vio. Necesitaba ayuda. Necesitaba a Dios.

Cuando conocí por primera vez a Dorian, vi a una mujer que seguía siendo atractiva aun a sus cincuenta años; una mujer que había tenido el mundo en la palma de su mano y lo había hecho girar como una pulsera en su muñeca. Ella podía ser intimidante para otras mujeres y seguir atrayendo a los hombres. ¿Quién podría haber sospechado que tenía sed en su interior? Jesús lo sabía y se encontró con ella en el pozo de su vida.

Cuando Juan escribió su relato de la vida y ministerio de Jesús, comentó que Él sabe qué hay en cada uno de nosotros (Jn. 2:25). Entonces registró dos historias, una acerca de un fariseo llamado Nicodemo (cap. 3) y otra acerca de una mujer samaritana (cap. 4). No hay dos personas que pudieron haber sido menos parecidas. Él era un fariseo, ella era una mujer que vivía en pecado. Él era un líder religioso, ella era una marginada. Él era un judío, ella era una samaritana. Él estaba en la parte más alta de la escala social, mientras que ella estaba en la parte más baja. Nicodemo visitó a Jesús a la noche; Jesús organizó encontrarse al mediodía con la mujer. Jesús confrontó al religioso Nicodemo con su necesidad espiritual de nacer de nuevo, y le habló a esta mujer inmoral acerca de su sed, una sed que Él podía saciar. Jesús sabía lo que había en Nicodemo y sabía lo que había en la mujer samaritana.

Igual que con Nicodemo, con la mujer samaritana o con Dorian, Jesucristo sale a nuestro encuentro en donde estemos. Él nos busca e inicia una conversación con nosotros. Según palabras de Francis Thompson, Él es el "Sabueso celestial" que nos persigue con su incesante amor, porque ve nuestra necesidad. Sabe que nuestro corazón está sediento por algo que solo el Dios eterno puede satisfacer. Ve el atroz anhelo insatisfecho, el ambiguo descontento, la carencia, la frustración, aun antes que admitamos que existe. Nunca es mucho el anhelo por lo eterno que Dios ha puesto en nuestra alma. Es una sed que solo Jesucristo puede satisfacer.

Nuestra sed más profunda no puede ser satisfecha hasta que conozcamos a Dios, que es como el agua para la tierra árida. No podemos conocerlo hasta que nos miremos a nosotras mismas y veamos nuestro pecado. Sin embargo, podríamos pasar toda una vida encubriendo lo que realmente somos. Hemos olvidado, o tal vez nunca supimos, que no podemos ir a ningún lado con Dios hasta que reconozcamos nuestro pecado. Cuando nos encontramos con Jesucristo, descubrimos que Él nos conoce. No podemos escondernos, ponernos una máscara o fingir ser alguien que no somos. Él nos conoce hasta lo más profundo, donde guardamos el archivo de nuestros secretos. Ha leído todo ese archivo. Nos conoce. Aun más sorprendente: a pesar de conocernos hasta lo más profundo, nos ama.

Cuando entendemos eso, Jesús puede comenzar a darnos de su agua viva. Y comienza a saciar nuestra sed al hacernos saber que nos conoce, y aún así Dios nos acepta. Su agua viva transforma y sustenta nuestra vida.

Una mujer del primer siglo casada varias veces y una mujer del siglo XX casada varias veces. Ambas permitieron que Jesús les mostrara lo que habían sido y lo que podrían llegar a ser al recibir el perdón y el amparo del cálido amor de Dios. A través del testimonio de ellas, otras personas llegaron a los pies del Salvador. Dorian y la mujer del pozo bebieron a fondo del agua viva y después comenzaron a decirles a otros: "¡Vengan y vean!".

Preguntas para la reflexión personal o el debate grupal
San Agustín escribió: "Nuestro corazón no hallará descanso hasta que encuentre su descanso en ti, oh Dios".

1. ¿Has descubierto que es imposible huir del anhelo de eternidad que Dios ha puesto en tu alma? Si es así, ¿cómo has experimentado ese anhelo?
2. ¿Qué tienes que conocer para satisfacer ese anhelo?
3. Jesús llevó a la mujer samaritana de una preocupación por los asuntos religiosos externos a una convicción interna de que Él era el Mesías de Dios y el Salvador del mundo.

Tú también debes hacer ese recorrido. ¿Cuáles han sido algunos de los letreros que has encontrado al lo largo del camino al hacer dicho recorrido?

4. ¿Qué relación encuentras entre ser miembro de la familia de Dios y ser una mensajera para llevar a otros a la familia de Dios?

4

MARÍA Y MARTA
Cómo vivir correctamente en dos mundos

Cuando ingresé a quinto grado, comencé a estudiar lo que entonces se llamaba "ciencias domésticas". Cuando cursé la escuela secundaria, el nombre había cambiado a "economía hogareña". Sé que ahora los catálogos de asignaturas universitarias la designan como "ecología humana". Sea cual sea el nombre, la clase era la misma: un semestre de cocina, un semestre de costura, un semestre de cocina, un semestre de costura. Puede que te hayas encontrado en alguna clase similar.

No estoy segura de cuál detestaba más, si la cocina o la costura. Cuando tenía diez años, no podía separar la yema de las claras prolijamente o hacer una costura pareja. Recuerdo que muchas veces me aterraban las horas que pasaba en la clase de ciencias domésticas.

Aprendimos a coser con el uso de máquinas a pedal. No existían las máquinas eléctricas en aquella época. Hace poco, cuando visité una tienda de telas para buscar un diseño, eché una mirada a la diversidad de máquinas en exposición: ¡milagrosas trabajadoras maravillosamente computarizadas y electrónicas! Al estar allí y admirar la tecnología al servicio de las costureras, también noté algo que apenas había cambiado desde mi primera presentación con las ciencias domésticas cincuenta años antes. En la parte delantera de la máquina de coser, justo arriba de la aguja, hay un dial que ajusta la tensión del hilo, mientras la máquina cose.

Para lograr una costura fuerte y firme, el hilo del carretel de arriba y el otro hilo de la bobina de abajo deben entrelazarse sin dificultades y ajustarse a la tela. Una costurera experimentada revisa la tensión del hilo y realiza pequeños ajustes al dial porque entiende cuán importante es que la tensión esté regulada apropiadamente.

A veces mientras estoy cosiendo, golpeo accidentalmente el dial. Escucho el clic-clic que me dice que arruiné el delicado equilibrio del hilo de arriba con el de abajo. Sé que ninguna costura será fuerte y servible hasta que ajuste la tensión otra vez. Todo lo demás se debe detener hasta estar segura de que los hilos se entrelacen correctamente.

Hace poco, al leer Lucas 10, pensé en la tensión del dial de mi máquina de coser. Lucas escribe en los versículos 38-42 acerca de un banquete que se llevó a cabo en un hogar de Betania:

> Aconteció que yendo de camino, entró en una aldea; y una mujer llamada Marta le recibió en su casa.
>
> Esta tenía una hermana que se llamaba María, la cual, sentándose a los pies de Jesús, oía su palabra.
>
> Pero Marta se preocupaba con muchos quehaceres, y acercándose, dijo: Señor, ¿no te da cuidado que mi hermana me deje servir sola? Dile, pues, que me ayude.
>
> Respondiendo Jesús, le dijo: Marta, Marta, afanada y turbada estás con muchas cosas. Pero sólo una cosa es necesaria; y María ha escogido la buena parte, la cual no le será quitada.

La escena: un día caluroso a finales de la estación lluviosa y a comienzos del verano. Una aldea encalada sobre una ladera tan solo a dos kilómetros al este de Jerusalén. La casa de Marta, quien posiblemente era una viuda adinerada que vivía con su hermana menor, María, y su hermano menor, Lázaro.

Marta recibe a Jesús y a sus seguidores en su casa de Betania. Se apresura a preparar un asiento cómodo para Jesús y a servir una bebida fresca para cada uno de sus invitados. Le hace una seña con la cabeza a María para que llene un recipiente con agua, tome una toalla y comience a lavar los pies de cada invitado junto a la puerta. Los seguidores de Jesús se van sentando alrededor de la gran habitación y hablan plácidamente acerca de los sucesos de los últimos días. Los aldeanos comienzan a agolparse a la entrada, ansiosos por entrar y escuchar al gran rabino, Jesús. Esta no es su primera visita a Betania. Los aldeanos han escuchado algunas de sus sorprendentes historias con anterioridad. Tal vez, les cuente más historias. Algunos se acercan y se sientan detrás del círculo de discípulos. Marta y María también toman su lugar a los pies de Jesús. Sabemos por Lucas 10:39 que Marta tenía una hermana llamada María, que también se sienta a los pies de Jesús y escucha sus palabras. Al parecer ambas toman la postura de oyentes o discípulas, sentadas a los pies de Jesús.

No sé cuánto tiempo estuvo Marta sentada allí escuchando al Señor. Pero tengo la sensación de que, si es como yo, aquel día su mente se dividía mientras estaba sentada allí. Después de todo, había trece hombres que estarían hambrientos y necesitaban ser alimentados. ¿Qué tenía en la alacena para darles? ¿Cuánto le llevaría tener todo listo? ¿Tendría que escabullirse y correr hasta el almacén para comprar grano o fruta?

Me identifico con Marta. Sé exactamente qué hacía, mientras estaba allí sentada. Primero, hizo un inventario mental de todo lo que había en la alacena. Después de eso, planeó el menú, asegurándose de no omitir nada. Después, hizo una lista mental de todos los quehaceres que tenía que realizar. Cuando hubo pensado todo con detenimiento, echó una mirada subrepticiamente alrededor de la habitación para encontrar la mejor vía de escape desde donde estaba sentada hasta la cocina. Cuando hubo maquinado su salida, ya no podía seguir sentada allí. ¡Tenía que ponerse a hacer algo! Después de todo, ella era la anfitriona. Era su responsabilidad suplir las necesidades de sus invitados. Nadie pensaría mal de Lázaro o María si la comida no era suficiente. La culpa recaería por completo sobre ella. No había tiempo para sentarse y escuchar a Jesús en ese momento. Tal vez, después de terminar con sus quehaceres.

Una vez en la cocina, sintió ese entusiasmo que nos sobreviene a muchas de nosotras cuando estamos por hacer algo especial para alguien que realmente nos importa. Queremos que todo salga perfecto; bueno, al menos tan perfecto como sea posible. Nuestro amor nos infunde energía. Nos entusiasmamos por la oportunidad de mostrar nuestro amor por alguien especial.

¿Puedes ver a Marta, ahora en el territorio de su cocina con el que estaba familiarizada, envuelta en un remolino de actividades? Primero, comienza a cocinar las habas y las lentejas con cebolla y ajo. Después condimenta el cordero para asarlo. Muele el grano y amasa el pan para hornear. Luego prepara los higos y las granadas. Va a buscar agua para mezclar con el vino. Pone la mesa. Revuelve las habas y las lentejas. Voltea el cordero en el asador y coloca el pan en el horno.

Al echar una mirada por la ventana a la posición del sol en el cielo, de repente Marta se da cuenta de que pronto será la hora de comer, pero le falta mucho para terminar. Puede que haya sentido lo que yo siento, cuando me dejo llevar por mi entusiasmo y finalmente me doy cuenta de que se me hace tarde y que no puedo terminar todo lo que había planeado. Cuando eso sucede, me enojo conmigo misma y con cualquiera que podría haberme ayudado para cumplir con mis planes.

Sospecho que esto es lo que le sucedió a Marta. De repente, los planes y quehaceres que habían comenzado como puro gozo se tornaron amargos. Lucas nos cuenta en el versículo 40 que Marta se preocupaba con todos los preparativos que estaba haciendo. Cuánto más trabajaba, más se afanaba.

Era culpa de María. Si María hubiera estado allí para ayudarla, hubiera sido diferente.

Todas conocemos ese sentimiento, ¿verdad? Ya es suficientemente malo tener que hacer todo. Es aún peor cuando alguien que pensamos que debería ayudarnos a llevar la carga nos deja plantadas. Nuestro enojo por la injusticia de la situación se desborda.

Esto es lo que le sucedió a Marta. Estalló cuando en el versículo 40 dijo: "...Señor, ¿no te da cuidado que mi hermana me deje servir sola? Dile, pues, que me ayude".

Es interesante que Marta le expresara su enojo a Jesús y no a María. Tal vez, ya había tratado, sin éxito, de captar una mirada de su hermana y hacerle una señal para que se levantara y la ayudara. O puede que ya le hubiera hecho una señal a María, pero ella simplemente la había ignorado y seguía escuchando a Jesús. Todas tenemos maneras de enviar un mensaje. Tosemos un poco. Golpeamos la mesa con nuestros dedos. Llamamos la atención con un gesto. ¡Y nos exacerba mucho más cuando la otra persona nos ignora!

Cualquiera haya sido la situación de Marta, ella le habló a Jesús en forma directa, al acusarlo de no importarle lo que le ocurría. Ella estaba segura de que, si a Él realmente le importaba, le diría a María que se levantara y la ayudara.

Estoy intrigada por la manera en que Marta asociaba la preocupación de Jesús por ella con el hecho de que le dijera a María que se pusiera a hacer algo. Marta pensaba que sabía cómo Jesús demostraría su preocupación por ella: aliviando su carga.

Esto es exactamente lo que vemos que Él hace, aunque no de la manera que esperamos. De su respuesta, aprendemos mucho de nuestro discipulado como mujeres cristianas:

> ...Marta, Marta, afanada y turbada estás con muchas cosas. Pero sólo una cosa es necesaria; y María ha escogido la buena parte, la cual no le será quitada (Lc. 10:41-42).

El problema no radicaba en el trabajo que Marta estaba haciendo. Era su actitud de afanarse y turbarse lo que produjo aquella mala situación. Jesús sabía que Marta había puesto demasiado énfasis en cosas que no importaban. El problema de ella era un problema de equilibrio, de mantener la tensión de la vida de manera adecuada. Observa detenidamente lo que Jesús le dijo y no le dijo a esta mujer abrumada.

Primero, Jesús no la reprendió por los preparativos que estaba haciendo para Él y sus discípulos. Si ella, como anfitriona de la casa, hubiera decidido omitir los preparativos para la comida, sus invitados se hubieran marchado con hambre. Lo que sucedía en aquella cocina de Betania era importante.

¿Recuerdas lo que Jesús le dijo a Satanás cuando este lo tentó en el desierto al principio de su ministerio público? En Mateo 4:4 leemos: "...No sólo de pan vivirá el hombre...". Jesús no le dijo: "El hombre no vive de pan". Nosotros vivimos de pan. Tenemos un cuerpo que debe ser alimentado. Jesús lo sabía y alimentaba a las personas; una vez, nada más y nada menos que a cinco mil.

Pero Jesús también sabía que las personas son más que cuerpos. No vivimos solo de pan. Alimentar nuestro espíritu es al menos tan importante como alimentar nuestro cuerpo. El problema de Marta no era que estaba preparando comida para sus invitados. Aquello era necesario, y su rol como anfitriona era lo que le correspondía hacer. Pero ella le había dado demasiada importancia. En vez de conformarse con una simple cena, trató de impresionar con una comida elaborada. Jesús le dijo básicamente que un plato hubiera estado bien.

Todas tenemos responsabilidades que cumplir cada día de nuestra vida. Vamos a la oficina. Cocinamos. Corregimos exámenes. Limpiamos la casa. Lavamos la ropa. Hacemos estas cosas y queremos hacerlas todas bien. Dorothy Sayers nos recuerda que las patas de las mesas nunca salían torcidas en la carpintería de Nazaret. Dios no recibe honra por los trabajos mal hechos o por el descuido de nuestros quehaceres necesarios en la vida.

Pero debemos estar seguras de que lo necesario no se salga de proporción y distorsione nuestra vida. Podemos confundir fácilmente el medio con el fin. Sin pensar, podemos tornar lo que es un medio de vida para Dios en un fin en sí mismo. Cuando tomamos algo que no es demasiado importante y hacemos de ello algo primordial en nuestra vida, lo que es inofensivo puede convertirse en un tropiezo.

Una de las cosas que Jesús vio aquella tarde, hace dos mil años, fue que Marta estaba menospreciando lo que María había elegido hacer. Marta le quería imponer su sistema de valores a María, tal vez una casa resplandeciente y, por supuesto, una suntuosa comida. Si estar afanada era "necesario" para Marta, debía ser necesario para María.

Observa que Jesús no le dijo que hiciera lo que María estaba haciendo. Al mismo tiempo, Él señaló que esta había elegido la buena parte. Al decir esto, Jesús hizo un pequeño juego de palabras que no aparece en la traducción al español. Básicamente, dijo: "Marta, estás preparando muchos platos para que comamos, pero María ha preparado el único plato que tú no puedes preparar en tu cocina". Aunque la comida era algo necesario, una comida mucho más simple hubiera sido mejor, pues le hubiera permitido a Marta seguir sentada con María escuchando a Jesús.

¿Piensas que Jesús estaba siendo un poco duro con Marta? Después de todo, ¡ella estaba haciendo todos estos quehaceres para complacerlo! A pesar de ello, ¿piensas que a Él le agradó su petición de decirle a María que se levantara y la ayudara? ¿Crees que a María le agradó ser humillada de esta manera? ¿Piensas que a los discípulos y a los vecinos les agradó que el Maestro fuera interrumpido así? ¿Y qué opinas de la misma Marta? ¿Piensas que estuvo complacida con ella misma? Sabemos cuando echamos a perder las cosas para nosotras mismas y para los que nos rodean. ¡Y Marta echó a perder las cosas!

Mientras visualizas esta escena, ¿qué imagen de Marta te viene a la mente? Elisabeth Moltmann-Wendel señaló que cada vez que piensa en ella, recuerda la ilustración que traía una Biblia para niños. En esta, María está sentada a los pies de Jesús escuchándolo, y Marta está en segundo plano, apoyada contra la puerta de la cocina con un semblante de maldad y desconfianza.

Cuando pensamos en estas dos hermanas, tendemos a imaginar a María con un aura de santidad a su alrededor y asociamos a Marta con aceite de oliva y pescado.

Cuando alguien dice: "Ella es como Marta", sabemos exactamente a qué se refiere. Una persona racional, competente, sensata. Las mujeres como Marta, sin lugar a dudas, son útiles y necesarias. La iglesia estaría en dificultades si todas fuéramos como María. Pero cuando se trata de retratar un modelo o un ideal, siempre se menciona a María. Esto nos pone en una especie de aprieto, si lo pensamos. El trabajo de Marta es necesario; tanto en la iglesia como en la casa. Pero María se queda con la corona.

Marta, denominada como la patrona de las amas de casa y cocineras, es objeto de críticas. Martín Lutero escribió: "Marta, tu trabajo debe ser castigado y considerado como pérdida... no buscaré otra cosa que el trabajo de María".

¡Palabras duras! Por esto me da un poco de vergüenza ser como Marta. Pero Martín Lutero estaba equivocado. El trabajo de Marta no debe ser castigado y contado como pérdida. La actitud de Marta debía corregirse. La perspectiva de Marta debía cambiar. Pero el trabajo de Marta es bueno y necesario. La realidad es que como seguidoras de Jesucristo, necesitamos cultivar tanto a Marta como a María en cada una de nosotras.

Anteriormente, en Lucas 10 encontramos la historia de un intérprete de la ley que trataba de probar a Jesús al preguntarle qué debía hacer para heredar la vida eterna. Jesús le devolvió la pregunta al decirle simplemente: "¿Qué está escrito en la ley? ¿Cómo lees?". El intérprete de la ley respondió con una gran declaración tomada de Deuteronomio 6:5 y Levítico 19:18: Debemos amar al Señor nuestro Dios con todo nuestro corazón, y con toda nuestra alma, y con todas nuestras fuerzas, y con toda nuestra mente; y a nuestro prójimo como a nosotros mismos.

El intérprete de la ley había respondido absolutamente bien. Jesús estuvo conforme y le dijo: "Bien has respondido; haz esto, y vivirás".

El intérprete de la ley pudo haberlo dejado ahí, pero no lo hizo. Siguió presionando a Jesús con otra pregunta: "¿Y quién es mi prójimo?". Para responderle, el Señor contó una de esas maravillosas historias que nos toman por sorpresa.

La historia era acerca de un hombre que transitaba de Jerusalén a Jericó por un camino polvoriento de la montaña. Algunos ladrones lo habían atacado, despojado, herido y dejado casi muerto. Primero, pasó un sacerdote. Puede que acabara de terminar el turno de su semana de servicio en Jerusalén y fuera de regreso a casa hasta el año siguiente. Este vio al pobre hombre, pero siguió su camino para evitar cualquier contacto con él. Después, pasó por aquel lugar un levita. Los levitas en la Palestina del primer siglo eran una clase de sacerdotes inferiores que cantaban en el momento del sacrificio y servían como ujieres y siervos de los sacerdotes superiores. El levita, igual que el sacerdote, le echó una mirada al hombre herido y siguió su camino. La tercera persona que pasó por allí era un samaritano, alguien menospreciado por los judíos. Tienes que saber cuánto detestaban los judíos a los samaritanos para tener una idea de cuán escandaloso era que Jesús dijera que se había acercado un samaritano en esta historia. Este extranjero menospreciado vio al hombre y, en vez de hacer lo que los otros judíos religiosos habían hecho, se detuvo y vendó las heridas de este pobre hombre, lo puso sobre la cabalgadura de su burro y lo llevó a una posada donde cuidó de él. Hasta le pagó al encargado para que continuara cuidando del hombre, mientras él seguía su camino.

¿Qué fue lo que remató la historia? Cuando Jesús terminó de contarla, le preguntó al intérprete de la ley: "¿Quién, pues, de estos tres te parece que fue el prójimo del que cayó en manos de los ladrones?". Desde luego, el intérprete de la ley respondió: "El que usó de misericordia con él". Y Jesús respondió: "Ve, y haz tú lo mismo".

¿No era esto justamente lo que Marta había hecho? ¿No se había incomodado ella misma para ofrecerles un trato amable a Jesús y sus discípulos? ¿No estaba supliendo las necesidades de los demás? ¡Totalmente! ¿No estaba siendo una buena samaritana, mientras María ignoraba las necesidades físicas de sus invitados, igual que los dos judíos religiosos que habían ignorado al hombre herido y despojado?

Vuelve a leer la respuesta por la que Jesús elogió a aquel intérprete de la ley del primer siglo: debemos amar al Señor nuestro Dios con todo nuestro corazón, y con toda nuestra alma, y con todas nuestras fuerzas y con toda nuestra mente; y a nuestro prójimo como a nosotros mismos.

Observa el orden del objeto del amor: Dios primero, después el prójimo. No al revés. No es cuestión de contrastar una vida de actividades con una vida de contemplación. Es una cuestión de prioridades. Debemos escuchar la Palabra de Dios antes de servirlo. Esto nos prepara y nos inspira para nuestro servicio para Dios a favor de otros.

Lo que Jesús quería ese día no eran las lentejas y el cordero de Marta, sino a la misma Marta. El único plato que ella no podía preparar en su cocina era su relación con Dios. Ella podía preparar ese plato solo al permanecer a los pies de Jesús y dejar que Él alimentara su alma.

Marta quería que Jesús aligerara su carga aquel día. Eso es exactamente lo que Él hizo, pero no de la manera que ella pensaba que debería hacerse. Él sabía que nuestra relación con Dios no se desarrolla cuando estamos muy ocupadas y afanadas. La única cosa necesaria es escuchar cuando Dios nos habla. María eligió dedicarle tiempo a la relación más importante y no distraerse con trivialidades.

"Marta debe ser como María —escribió un comentarista—, y la verdadera María también debe ser como Marta; ambas son hermanas". Esto me lleva de regreso al dial de tensión de mi máquina de coser. Si la tensión del hilo es demasiado floja, la parte inferior de la tela se enreda por el exceso de hilo. La costura no tiene fuerza y se descoserá irremediablemente al momento en que se le aplique presión. Ante esto, lo único que puede hacer una costurera es arrancar los hilos, ajustar la tensión y comenzar de nuevo.

Nuestra costura tampoco saldrá bien si los hilos no son abastecidos por el carretel de arriba y la bobina de abajo. Podríamos tratar de coser todo el día con tan solo el carretel de arriba y sin la bobina inferior de la máquina, pero no podríamos hacer ni una sola costura. El hilo de Marta y el hilo de María deben abastecer y entrelazarse debidamente para poder hacer una costura. Un equilibrio entre ambos debe ajustarse con precisión para obtener una costura fuerte y servible.

Vivimos en este mundo. Esto significa que debemos ocuparnos de la comida, la ropa, la casa, la familia, el trabajo y los estudios. Pero también vivimos en el mundo del espíritu y debemos ocuparnos de nuestra relación con Dios. Este era el verdadero problema de Marta. Ella estaba cosiendo sin hilo en la bobina.

Para que nuestro servicio sea bueno, debemos tener nuestras prioridades en orden. Debemos dejar que Jesús nos ministre antes de salir y ministrar nosotras a los demás. Este es el orden de Dios: primero amamos al Señor nuestro Dios con todo nuestro corazón, alma, fuerza y mente, y después estamos preparadas para salir y amar a nuestro prójimo como a nosotras mismas. Cuando invertimos el orden, puede que terminemos sintiéndonos extenuadas e incomprendidas. Cuando mantenemos nuestras prioridades en línea con las prioridades de Dios, encontramos que Él nos permite hacer lo que es necesario hacer con gozo y satisfacción.

Preguntas para la reflexión personal y el debate grupal:

1. Cuando piensas en María y Marta, ¿con cuál te identificas naturalmente?
2. ¿Qué pasos podrías dar para obtener un mejor equilibrio entre las prioridades de María y las prioridades de Marta en tu vida?
3. ¿Cómo afectan la relación con Dios las preocupaciones de una mujer?
4. ¿Qué has aprendido de María y Marta que afectará tu discipulado en el futuro?

5

MARTA Y MARÍA
Cómo cultivar la esperanza en tiempos de pérdida

Cuando mi esposo terminó sus estudios en el Seminario de Denver en 1956, nos trasladamos a un pequeño pueblo del centro de Wyoming para su primer pastorado. Mientras nos familiarizábamos con los líderes de la iglesia, llegamos a apreciar a una pareja de ancianos en particular. Gene, un carpintero jubilado, llegaba a la iglesia cada mañana para ayudar en la construcción de un pabellón adicional para educación. Mae pasaba de visita casi con la misma frecuencia. Admirábamos el compromiso incansable para con Jesucristo y la iglesia, que ambos manifestaban ante nosotros diariamente.

Alrededor de seis meses después de nuestra llegada, recibimos una llamada telefónica con la noticia de que Don, el único hijo de Gene y Mae, había muerto al derrumbarse una mina de la región a cielo abierto. No tardamos en llegar a la casa de nuestros amigos para acompañarlos en su desconcierto, conmoción y negación. Sería muy doloroso para ellos atravesar su tiempo de duelo, pero estábamos seguros de que lo lograrían. Disponían de todos los recursos cristianos para su sostenimiento durante esta crisis. Llegaron otros amigos, y estábamos convencidos de que una comunidad entera, junto con su nuera y sus dos nietos, los rodearía con amor y atención.

Algunos días después del funeral, Gene regresó a su trabajo voluntario en la construcción de la iglesia. Pero los domingos asistía solo al culto. Cuando íbamos a su casa a visitarlos, sentíamos que

Gene estaba encontrando la fortaleza para sobreponerse a su dolor, pero no sucedía lo mismo con Mae.

Cuando le preguntamos al respecto, nos enteramos de que, desde que había recibido la noticia del accidente, Mae le había dado la espalda a Dios. ¿Cómo podría ella creer en un Dios que les negaba a ellos su único hijo, y a sus nietos, un padre? No era posible que Dios fuera tierno y amoroso, y que al mismo tiempo les asestara semejante golpe. Siempre que la visitábamos, escuchábamos su argumento contra Dios. Era claro que la realidad de su fe y la realidad de su vida no combinaban. La fe que pensábamos que la sustentaría parecía interponerse en su camino.

Mae me recordaba a dos mujeres que enviaron por Jesús cuando su hermano estaba gravemente enfermo. Pero Él no llegó a tiempo para ayudarlas. Cuando finalmente llegó, ambas mujeres le dijeron: "Señor, si hubieses estado aquí, mi hermano no habría muerto". Estas hermanas tenían suficiente fe para creer que si Jesús hubiera llegado a tiempo, podría haber sanado a su hermano. Sin embargo, parecía como si Él las hubiera defraudado.

La historia se encuentra en Juan 11. Los primeros seis versículos nos relatan lo siguiente:

> Estaba entonces enfermo uno llamado Lázaro, de Betania, la aldea de María y de Marta su hermana.
>
> (María, cuyo hermano Lázaro estaba enfermo, fue la que ungió al Señor con perfume, y le enjugó los pies con sus cabellos).
>
> Enviaron, pues, las hermanas para decir a Jesús: Señor, he aquí el que amas está enfermo. Oyéndolo Jesús, dijo: Esta enfermedad no es para muerte, sino para la gloria de Dios, para que el Hijo de Dios sea glorificado por ella.
>
> Y amaba Jesús a Marta, a su hermana y a Lázaro.
>
> Cuando oyó, pues, que estaba enfermo, se quedó dos días más en el lugar donde estaba.

Este es el escenario. Lázaro estaba enfermo. Sus dos hermanas, María y Marta, recurrieron de inmediato a su amigo Jesús, con la esperanza de que llegara rápidamente y sanara a su hermano antes que fuera demasiado tarde.

Dado el amor que Jesús le tenía a este trío, era de esperar que Él saliera de inmediato hacia Betania a hacer todo lo posible para evitarles su ansiedad y dolor. Sin embargo, vemos que no respondió de la manera que estas dos hermanas esperaban. En vez de salir de inmediato hacia Betania, se quedó donde estaba dos días más.

Un principio importante en la vida es que el amor permite el dolor. Nosotras no queremos que sea así. Queremos creer que si Dios verdaderamente nos ama, no permitirá que nada doloroso invada nuestra vida. Pero esto no es cierto. El amor de Dios no nos garantiza un resguardo de las experiencias difíciles que son necesarias para nuestro crecimiento espiritual. El amor y la demora son compatibles.

Si Jesús hubiera salido de prisa hacia Betania, tan pronto como recibió la noticia de la enfermedad de Lázaro, María y Marta no hubieran estado suspendidas entre la esperanza y la desesperación: la esperanza de que llegara a tiempo quien podía ayudar a su hermano y la desesperación de que llegara demasiado tarde. No hubieran experimentado la angustia de ver a Lázaro morir. No hubieran experimentado la agonía de aquellos últimos momentos antes de cerrarle los ojos a su hermano y de preparar su cuerpo para el entierro. No hubieran experimentado la desolación de la pérdida de un familiar. Pero Jesús no llegó.

Él sabía que era tiempo que María, Marta y sus discípulos aprendieran lo que no podrían aprender si Él intervenía demasiado rápido. Juan 11 nos dice que Jesús tenía la situación completamente bajo su control. Sabía lo que estaba haciendo. Sabía que el crecimiento espiritual de Marta, María y el grupo de discípulos que andaba con Él dependía del tiempo oportuno. ¿Cómo lo sabemos? Al leer Juan 11:7-16:

Luego, después de esto, dijo a los discípulos: Vamos a Judea otra vez.

Le dijeron los discípulos: Rabí, ahora procuraban los judíos apedrearte, ¿y otra vez vas allá?

Respondió Jesús: ¿No tiene el día doce horas? El que anda de día, no tropieza, porque ve la luz de este mundo; pero el que anda de noche, tropieza, porque no hay luz en él.

Dicho esto, les dijo después: Nuestro amigo Lázaro duerme; mas voy para despertarle.

Dijeron entonces sus discípulos: Señor, si duerme, sanará.

Pero Jesús decía esto de la muerte de Lázaro; y ellos pensaron que hablaba del reposar del sueño.

Entonces Jesús les dijo claramente: Lázaro ha muerto; y me alegro por vosotros, de no haber estado allí, para que creáis; mas vamos a él.

Dijo entonces Tomás, llamado Dídimo, a sus condiscípulos: Vamos también nosotros, para que muramos con él.

El tiempo oportuno divino. Jesús sabía que María y Marta nunca lo conocerían como la resurrección y la vida si Lázaro no moría. David no hubiera conocido a Dios como su roca y su fortaleza si no hubiera sido perseguido por Saúl en las montañas de En-gadi. Los israelitas no hubieran conocido a Dios como su libertador si no hubieran sido esclavos en Egipto. Nuestras dolorosas experiencias pueden revelarnos a Dios de nuevas formas. Jesús sabía precisamente lo que estaba haciendo.

A su llegada, el Señor encontró que Lázaro había estado en la tumba por cuatro días. Muchos judíos habían llegado desde Jerusalén a Betania para consolar a Marta y a María por la pérdida de su hermano. Las condolencias para con ellas era la primera de todas las obligaciones. Nada era más importante que expresar las condolencias a quienes estaban de duelo.

En el clima caluroso de Palestina, el difunto tenía que ser sepultado inmediatamente después de la muerte. Las mujeres ungían el cuerpo con las mejores especias y los mejores ungüentos, después lo envolvían en una prenda de lino con las manos y los pies atados con vendas y la cabeza envuelta en un sudario. Todo aquel que podía se unía a la procesión desde la casa hasta la tumba. Curiosamente, las mujeres caminaban primero; porque de acuerdo a los maestros de la época, fue una mujer, por su pecado en el huerto del Edén, la responsable de que la muerte entrara al mundo.

En la tumba, los amigos pronunciaban discursos conmemorativos. Después los dolientes formaban dos largas filas entre las cuales caminaban los miembros de la familia. Mientras el cuerpo del difunto permanecía en la casa, la familia no podía preparar alimentos, comer carne, beber vino o estudiar allí. Cuando sacaban el cuerpo, todos los muebles se daban vuelta patas para arriba, y los dolientes se sentaban en el piso o en banquetas bajas. Al regresar de la tumba, comían una comida de pan, huevos duros y lentejas, que simbolizaba la vida que siempre rueda hacia la muerte.

El duelo intenso duraba siete días, durante los cuales nadie podía ungirse, calzarse zapatos, dedicarse a estudiar o trabajar, y ni siquiera lavarse. A estos siete días de duelo intenso, le seguían treinta días de duelo leve.

En medio de este período de duelo intenso, Marta escuchó que Jesús estaba entrando a la aldea. Violando las costumbres orientales, salió para encontrarse con Él mientras María se quedó en la casa. El escritor del Evangelio registra una conversación, digna de mencionar, que mantuvieron Marta y Jesús en Juan 11:21-27:

> Y Marta dijo a Jesús: Señor, si hubieses estado aquí, mi hermano no habría muerto. Mas también sé ahora que todo lo que pidas a Dios, Dios te lo dará.
>
> Jesús le dijo: Tu hermano resucitará.
>
> Marta le dijo: Yo sé que resucitará en la resurrección, en el día postrero.
>
> Le dijo Jesús: Yo soy la resurrección y la vida; el que cree en mí, aunque esté muerto, vivirá. Y todo aquel que vive y cree en mí, no morirá eternamente. ¿Crees esto?

Le dijo: Sí, Señor; yo he creído que tú eres el Cristo, el Hijo de Dios, que has venido al mundo.

"Señor, si hubieses estado aquí, mi hermano no habría muerto". Con este alegato, Marta expresó sus dudas de que Jesús tuviera un poder ilimitado. Si Él hubiera estado allí, esto no hubiera sucedido. Él tenía que estar presente para sanar a su hermano. Sin embargo, su confianza general en Jesús se destaca cuando dice: "Mas también sé ahora que todo lo que pidas a Dios, Dios te lo dará".

Jesús le respondió y desvió su pensamiento a la promesa de la resurrección: "Tu hermano resucitará". Marta manifestó su impaciencia al responder rápidamente: "Yo sé que resucitará en la resurrección, en el día postrero".

Ella conocía la verdad. Conocía muy bien la doctrina. De hecho, tenía una base espiritual más fuerte que los saduceos, quienes negaban la resurrección. Con su alegato, prestaba testimonio de la fuerte enseñanza de la fe de su nación. Pero no encontraba mucho consuelo en el tiempo futuro. En aquel momento, ella necesitaba algo más inmediato que un suceso tan lejano como la resurrección del día postrero. La doctrina no era particularmente consoladora en su tiempo de aflicción. Jesús notó eso y desvió su concepto de la resurrección como un suceso futuro a una realidad presente: "Yo soy la resurrección y la vida". ¡Qué debe de haber sentido Marta en ese momento tan dramático! "Yo soy la resurrección y la vida". Con aquellas sorprendentes palabras Jesús llevó los pensamientos de Marta, desde una tenue esperanza futura hasta un hecho presente. Él le dio a su fe su verdadero objeto: Él mismo. La confianza en Jesucristo, el Hombre-Dios, que es la resurrección y la vida, podía reemplazar su vaga esperanza en un suceso futuro.

¿Cómo recibimos esta confianza? Jesús nos dijo cómo en el versículo 25: "el que cree en mí, aunque esté muerto, vivirá. Y todo aquel que vive y cree en mí, no morirá eternamente".

Cuando creemos en Jesucristo, obtenemos una calidad de vida que es mayor que la muerte. La muerte no llega a ser el final de la vida, sino la puerta hacia una vida mayor. Las personas llaman a nuestro mundo "la tierra de los vivientes". Sin embargo, sería más apropiado llamarlo "la tierra de los moribundos". Comenzamos a morir desde el momento en que nacemos, y nuestra vida avanza inexorablemente hacia la muerte. Pero aquellos que han creído en Jesucristo saben que cuando llega la muerte, no salimos de la tierra de los vivientes, sino que entramos a la tierra de los vivientes. No vamos rumbo a la muerte. Vamos rumbo a la vida. Esto significa nacer otra vez. Esto significa tener vida eterna. Esto significa creer en Jesucristo.

¿Cómo terminó Jesús su conversación con Marta? Le preguntó: "¿Crees esto?". Con esta pregunta, Él la llevó a la pregunta de la fe personal. La fe que nos conduce a la vida eterna nunca es la que heredamos de nuestros abuelos o adquirimos por estar cerca del pastor. Es un compromiso personal que cada uno debe hacer.

Marta dio una respuesta memorable a la pregunta de Jesús (v. 27): "Sí, Señor; yo he creído que tú eres el Cristo, el Hijo de Dios, que has venido al mundo". Compárala a la gran confesión de Pedro (Mt. 16:15-16). Jesús le había preguntado: "...¿quién decís que soy yo?". Pedro había respondido: "...Tú eres el Cristo, el Hijo del Dios viviente". Jesús respondió que sobre aquella confesión, aquella verdad, se edificaría la iglesia.

Marta había aprendido la misma verdad. ¿Dónde la había aprendido? ¿Había sido a los pies de Jesús? ¿Había sido cuando escuchaba cómo les enseñaba a las multitudes? Evidentemente, aunque esta mujer pensaba que su fe era imperfecta, había llegado a comprender la verdad central sobre la cual su fe podía crecer: Jesús es el enviado de Dios.

Sucede igual con nosotras hoy. Sobre la verdad que Marta dijo aquel día en Betania hace dos mil años, tú y yo vamos a Aquel que es la resurrección y la vida. No podemos comenzar a crecer hasta que vemos a Jesús por quién es y vamos a Él tal cual somos.

La historia continúa. Marta regresó a casa y, acercándose a María, le dijo que el Maestro había llegado y preguntaba por ella.

María se levantó rápidamente y salió a encontrarse con Jesús. Ella, a su vez, dijo lo mismo que Marta: "Señor, si hubieses estado aquí, no habría muerto mi hermano". Lo mismo que Marta había dicho, pero con una omisión. Marta había seguido diciendo: "Mas también sé ahora que todo lo que pidas a Dios, Dios te lo dará". Marta, con todas sus imperfecciones, habló por fe. María, en cambio, estaba abrumada por su dolor. Ella había estado sentada a los pies de Jesús y había aprendido de Él. Pero ahora ante su presencia, estaba sumida en su profunda aflicción.

Cuando leímos la otra historia de María y Marta en Lucas 10, parecía que María era la "espiritual", y Marta era la "poco espiritual". Ahora, al ver a estas dos mismas mujeres, descubrimos que la racional Marta había comprendido lo suficiente como para hacer una magnífica confesión de fe en Jesucristo. María, por el otro lado, estaba tan absorbida por su pérdida que no pudo decir otra cosa que: "Señor, si hubieses estado aquí, no habría muerto mi hermano".

Observa ahora que Jesús se adaptó a la necesidad de cada una. Con Marta, aun en un momento de duelo intenso, habló de verdades teológicas profundas. Con María, sintió compasión. Se encontró con ella donde ella estaba para poder llevarla a un nivel de fe diferente. Con cada una de nosotras es de la misma manera. Dios comienza donde nos encontramos. Pero no nos deja allí. Nos lleva a un nivel de fe más profundo.

El escenario ya estaba armado. Cuatro días habían pasado desde que Lázaro había muerto. La tumba palestina tradicional era una cueva con estantes talados en la roca sobre tres lados. A la entrada de la tumba, se hacía un surco en la tierra y allí se colocaba una gran piedra con la forma de una rueda para que pudiera rodar a través de la entrada de la cueva. Para los judíos, era importante que la entrada estuviera bien sellada. Ellos creían que el espíritu del difunto rondaba sobre la tumba por cuatro días, en una búsqueda por entrar nuevamente al cuerpo del muerto. Pero después de cuatro días, se marchaba porque para entonces el cuerpo estaría tan descompuesto que ya no podría reconocerlo.

MARTA Y MARÍA

Los dolientes habían seguido a María y ahora estaban reunidos frente a la cueva. Según el punto de vista oriental, cuanto más desenfrenado era el duelo, más honor se rendía al muerto. Los que habían ido a consolar a María y a Marta no estaban llorando silenciosa y disimuladamente. En cambio, honraban a Lázaro con un llanto incontenible y gritos convulsivos.

Jesús se paró en medio de la multitud de dolientes. En ambos versículos, 33 y 38, Juan lo describió con el uso de una palabra griega que no se tradujo correctamente en algunas versiones de la Biblia. Jesús estaba más que "profundamente conmovido". Estaba estremecido e indignado.

¿Indignación de qué? Jesús estaba parado allí aquel día como el Señor de la vida, Aquel que le acababa de decir a Marta que era la resurrección y la vida. Allí estaba Él, frente a frente con todos los efectos de la caída: la muerte, la miseria humana, los corazones quebrantados. Él había venido al mundo a liberarnos de la muerte y la condenación. Sabía que aunque confrontara y conquistara la muerte ese día, la conquista final podía venir solo de una manera. Él también tendría que pasar por la muerte. Tendría que probar su amargura. Tendría que morir.

El Señor se estremeció; se estremeció ante el horror de la muerte. Se estremeció ante las consecuencias del pecado. Se estremeció ante el dolor de la separación. Se estremeció y se indignó de que todo esto hubiera sucedido. Y después actuó. Habló cuatro veces.

Al hablarles a los dolientes, simplemente dijo: "Quitad la piedra" (Jn. 11:39). Jesús pudo haber ordenado a la piedra que rodara sin ayuda humana, pero no lo hizo. Esta era tarea de aquellos que estaban allí aquel día. Dios trabaja con una economía de poder divino. Él nos exige que hagamos lo que podemos hacer. Nos prueba al hacernos participar de sus milagros. "Quitad la piedra".

¿Habían escuchado correctamente los judíos que estaban allí aquel día? ¿Quitad la piedra? ¡Seguramente, Jesús no hablaba en serio! Marta hizo eco de sus pensamientos cuando manifestó: "Señor, hiede ya, porque es de cuatro días". Marta no había entendido lo que habían conversado al borde del camino. Jesús tuvo que recordarle: "...¿No te he dicho que si crees, verás la gloria de Dios?" (v. 40). Él quería elevar la fe de Marta a un nivel más alto para que pudiera ver más allá de lo terrenal, lo racional y lo mundano, y viera la realidad espiritual. "Quitad la piedra".

La segunda vez que Jesús habló, se dirigió a Dios: "Padre, gracias te doy por haberme oído. Yo sabía que siempre me oyes; pero lo dije por causa de la multitud que está alrededor, para que crean que tú me has enviado". Marta había dicho que ella creía esto. Pero ¿los demás? ¿Y María? ¿Y los discípulos? Jesús expuso abiertamente su divinidad para llevar las personas presentes a la fe.

La tercera vez que Jesús habló, se dirigió a Lázaro: "...¡Lázaro, ven fuera!" (v. 43). El que había muerto salió, con las manos y los pies atados con vendas y el rostro envuelto en un sudario. La multitud retrocedió, estupefacta. ¿Estaban sus sentidos haciéndoles una jugarreta en su mente? Ellos habían visto un cadáver sepultado en esa tumba hacía cuatro días. ¡No podía ser verdad que Lázaro estuviera vivo!

Jesús no había orado: "¡Padre, levántalo de la muerte!". Tampoco había dicho: "¡En el nombre del Padre, sal fuera!". Le había dicho a Marta que Él era la resurrección y la vida. Actuó sobre su propia autoridad. Él era el Señor de la vida. Y Lázaro salió fuera.

La cuarta vez que Jesús habló, de nuevo fue a una audiencia atónita: "...Desatadle, y dejadle ir" (v. 44). Los boquiabiertos espectadores necesitaban tocar a Lázaro y ver por sí mismos que no fuera un fantasma.

Sucedieron dos cosas. Primero, muchos de los judíos que habían ido a visitar a María pusieron su fe en Jesús (v. 45). Ese fue el resultado inmediato. Segundo, la noticia de este increíble milagro pronto llegó a los líderes religiosos de Jerusalén. Ellos vieron a Jesús como una amenaza a su poder. Y sellaron su destino con una sentencia de muerte.

¿Una sentencia de muerte? Sí, para Él. Pero una sentencia de vida para todos los creyentes. Él es la resurrección y la vida. Aquel que crea en Él, aunque muera, vivirá. Todo el que vive y cree en Él nunca morirá. ¿Crees esto?

Los antiguos narradores de muchas tierras contaban acerca de una fabulosa ave, consagrada al sol, llamada fénix. Esta enorme ave, cubierta de vistosas plumas de un arco iris de tonos tornasolados, no tiene un análogo en la tierra. No solo no hay otra ave tan bella, sino que ninguna otra canta tan dulcemente ni vive tanto tiempo. Los anecdotistas no podían coincidir en la edad del ave fénix. Algunos decían que esta vivía quinientos años. Otros decían que su vida era más de doce mil años.

Al final de sus años, el ave fénix hacía un nido de ramitas de árboles de especias, prendía su nido en fuego y se consumía junto con su nido. Nada quedaba excepto una dispersión de cenizas sobre la tierra. Pero entonces, los narradores decían que una brisa recogía esas cenizas, y de alguna manera, de estas se elevaba otra ave, una nueva ave de fuego más espléndida que la que había muerto. Esta extendía sus alas, decían ellos, y volaba hacia el sol.

Los narradores urdieron este mito con la entrañable esperanza de que pudiera ser verdad. Ellos hablaban de algo profundo dentro de cada una de nosotras, del anhelo de que de las tragedias más destructivas de la vida, pudiera surgir algo mejor, más grandioso. Lo que los narradores solo podían imaginar constituye una verdad de la que Jesucristo es la realidad. Así como el ave fénix más gloriosa puede elevarse solo de sus mismas cenizas, de la misma manera una mayor fe se eleva solo de las cenizas de nuestros sueños y esperanzas.

"Si Dios quiere que confíes en Él —escribió Donald Gray Barnhouse—, te colocará en un lugar de imposibilidad. Pues cuando algo es imposible, nosotros que somos muy propensos a mover las cosas con nuestra propia fuerza, podemos decir: 'Señor, tienes que ser tú. Yo no soy absolutamente nada'".

Lázaro resucitó solo para volver a morir. Las hermanas tuvieron que ir por segunda vez a la tumba con el cadáver de su amado hermano. Esta vez no hubo resurrección. Pero Jesús había tomado la teología de Marta y le había dado vitalidad: "El que cree en mí, aunque esté muerto, vivirá. Y todo aquel que vive y cree en mí, no morirá eternamente". Si tú crees en un Dios que es la resurrección, puedes enfrentar el cementerio y saber que incluso de la muerte puede surgir vida. Según palabras atribuidas a san Francisco de Asís, es al morir, que vivimos.

Pero no todos los funerales llevan a la vida. Cuando Mae perdió a su único hijo, ella perdió la visión de Dios, su poder y su amor. No pudo ver que el ave fénix se eleva de las cenizas de su propia muerte. Ella perdió de vista la realidad de que la vida invade la muerte. Se olvidó —o nunca supo— que Jesucristo atravesó la muerte para conquistarla para siempre y por la eternidad.

Cuando experimentamos el dolor de la pérdida, podemos perder de vista al ave fénix. Sin embargo, Jesús nos dice lo mismo que le dijo a Marta hace dos mil años camino a Betania: "Yo soy la resurrección y la vida". Después de la muerte viene la resurrección. Podemos confiar en el tiempo perfecto de Dios. Podemos confiar en su amor. Podemos salir de nuestras experiencias difíciles más fuertes en la fe y la esperanza, al aprender que Dios está con nosotras en nuestra pérdida, en nuestra aflicción. La clave está en lo que le permitimos a Cristo hacer en nuestra situación.

Preguntas para la reflexión personal o el debate grupal
1. ¿Cuáles fueron los obstáculos en la fe de Marta y María?
2. ¿Puedes identificar algunos obstáculos para la fe en tu vida? Si es así, ¿cuáles son?
3. ¿Cómo puede influir en tu fe saber quién es Jesús?
4. ¿Cómo puedes experimentar beneficios inmediatos (es decir, fuerza o fortaleza) de tu fe?

6

LA MUJER CANANEA

CÓMO PERSISTIR EN LA FE DURANTE LAS CRISIS DE LA VIDA

Muchas de quienes somos madres hemos experimentado esos momentos de pánico interno que nos sobrevienen cuando debemos llevar de inmediato a uno de nuestros hijos al hospital después de un accidente que lo dejó inconsciente, o porque la fiebre le subió a 40 °C durante la noche. Aunque mis hijos ya son adultos, todavía se me hace un nudo en el estómago cuando recuerdo la impotencia y desesperación que sentía cada vez que eso pasaba. En esos momentos orábamos, no solo mentalmente sino desde nuestras mismas entrañas, pues sabíamos que todos los recursos para salvar a nuestro hijo estaban fuera de nuestro alcance.

Si llegamos a tiempo al médico, podríamos recibir la información de que un antibiótico o una estadía en el hospital son suficientes para regresarle la salud a nuestro hijo. O los especialistas podrían decirnos que este preciado niño vivirá toda su vida con una incapacidad. Puede que esta sea una sentencia de muerte en vida, que podría llevarnos a una búsqueda interminable de un diagnóstico diferente o una cura milagrosa.

Marcos nos relata el caso de una madre desesperada:

> Porque una mujer, cuya hija tenía un espíritu inmundo, luego que oyó de él, vino y se postró a sus pies.
> La mujer era griega, y sirofenicia de nación; y le rogaba que echase fuera de su hija al demonio (7:25-26).

Una hija poseída por un demonio. ¿Qué debe haber significado eso para esta mujer desesperada? Los médicos que han examinado la posesión demoníaca, desde épocas del Nuevo Testamento hasta hoy, han encontrado tres características casi siempre presentes en la persona poseída por demonios.

Primero, los rasgos faciales se distorsionan; a veces cambian tanto que la persona ya no es reconocible. Además, en algunos casos, aquel poseído por demonios contornea su cuerpo o se altera físicamente. Segundo, la voz cambia, a menudo se profundiza hasta el punto de que la voz de una mujer suena como la de un hombre. Tercero, la persona manifiesta una personalidad diferente. Alguien normal podría volverse grosero y vulgar. Una persona tierna podría volverse agresiva y cruel. Si antes era refinado, ahora podría llegar a usar solo lenguaje sucio.

Historias de casos de posesión demoníaca dan énfasis a la fuerza de tales personas. En casos documentados, hacían falta tres o cuatro adultos para sostener a un niño poseído por un demonio.

Qué terror debe haber sentido esta madre al ver a su pequeña hija convertirse en alguien irreconocible para ella. Ver el destello de sus ojos desplazado por una fría dureza. Ver su sonrisa desvirtuarse en monerías siniestras. Escuchar una voz que no era la de su pequeña niña. Esperar la voz familiar y escuchar un profundo tono grave y una extraña pronunciación. Ver que aflora una personalidad rara y repulsiva. ¿A dónde se había ido su pequeña niña? ¿Qué le había pasado a su hija que ya no podía ser sostenida y amada? ¿Qué se podía hacer para que regresara la tierna niña que había desaparecido dentro del cuerpo de este monstruo?

¿Qué había salido mal? ¿Qué podría haber hecho ella para evitar que esto le sucediera a su pequeña niña? ¿De qué manera había fallado ella como madre? ¿Cómo podría apaciguar a los dioses por su fracaso y, de esta manera, liberar a su hija de esta maldición demoníaca?

¿Cómo debe de haber sido vivir cada día con temor, sin saber qué podría suceder? ¿Le avergonzaría su hija? ¿La atacaría? ¿Provocaría brutalmente a los niños del vecindario? Con su tormento de día y de noche, esta madre desesperada debe de haber buscado cualquier remedio posible que pudiera liberar a su hija de esta esclavitud.

No sabemos cómo supo acerca de Jesús esta mujer. Ni sabemos qué escuchó acerca de Él. ¿Qué le habrían dicho para que estuviera tan segura de que Él podría ayudarla? Solo sabemos que había escuchado algo que la llevó a recurrir a Él en busca de ayuda.

Al principio de nuestra historia, Jesús había estado ministrando en Galilea, la provincia judía del norte de Palestina, más allá de Samaria. Por razones que no se nos explica en el texto bíblico, decidió retirarse del territorio judío para ir a un campo vecino en la costa del Mediterráneo:

> Levantándose de allí, se fue a la región de Tiro y de Sidón; y entrando en una casa, no quiso que nadie lo supiese; pero no pudo esconderse (Mr. 7:24).

Aun en Galilea, a varios días de viaje a pie desde la capital judía de Jerusalén, Jesús no podía escapar de los líderes religiosos que lo acosaban a dondequiera que iba. Marcos 7 comienza con algunos fariseos y maestros de la ley que provenían de Jerusalén e intentaban atrapar a Jesús para que hablara contra la ley de Moisés. Después de un debate acerca de lo que era puro o impuro conforme al rito, el Señor ignoró a los líderes religiosos y se dirigió a la gran multitud que lo seguía a todos lados: "...Oídme todos, y entended: Nada hay fuera del hombre que entre en él, que le pueda contaminar; pero lo que sale de él, eso es lo que contamina al hombre" (7:14-15).

Este constituyó un asunto delicado con los líderes religiosos a lo largo del ministerio terrenal de Jesús. Ellos habían pasado la vida cumpliendo todas las nimiedades de la ley. Vivían con temor a contaminarse de algo externo que los hiciera impuros conforme al rito. Cuando este joven rabino permitió que sus seguidores comieran sin cumplir con los rituales de la limpieza, estaba poniendo en peligro todo lo que ellos creían. Ponía en entredicho el oficio al que le habían dedicado su vida. Podría destruir la confianza de sus adeptos en esta manera de vida legalista. En conclusión, si Jesús seguía diciendo estas cosas, podría arruinarles la carrera.

No es claro si Jesús dejó la región cerca del mar de Galilea, porque la confrontación con los líderes religiosos estaba llevándolo prematuramente a la cruz que Él sabía que tenía por delante. O puede que simplemente haya necesitado un descanso de las constantes multitudes que lo acosaban noche y día. Lo encontramos buscando refugio cerca de la ciudad de Tiro, con la esperanza de que nadie supiera que estaba allí. Pero como nos dice Marcos, inmediatamente corrió la noticia. Y una mujer griega, sirofenicia de nacimiento, escuchó acerca de Él y recurrió a Él en busca de ayuda.

Mateo 15:21-25 comienza la historia de esta manera:

Saliendo Jesús de allí, se fue a la región de Tiro y de Sidón.

Y he aquí una mujer cananea que había salido de aquella región clamaba, diciéndole: ¡Señor, Hijo de David, ten misericordia de mí! Mi hija es gravemente atormentada por un demonio.

Pero Jesús no le respondió palabra. Entonces acercándose sus discípulos, le rogaron, diciendo: Despídela, pues da voces tras nosotros.

El respondiendo, dijo: No soy enviado sino a las ovejas perdidas de la casa de Israel.

Entonces ella vino y se postró ante él, diciendo: ¡Señor, socórreme!

Todo lo que Marcos nos dice es que la mujer le rogó a Jesús que echara fuera el demonio de su hija. Pero Mateo retrata un cuadro de nuestro Señor Jesucristo que nos sorprende. La primera vez que la mujer se acercó a Él, Él la ignoró. El texto bíblico dice: "Pero Jesús no le respondió palabra".

No nos gusta pensar que Jesús fuera insensible para con alguien en necesidad. Preferimos un Salvador que siempre esté con nosotros, listo para escuchar nuestra oración. Sin embargo, en el texto bíblico, es claro que Jesús simplemente ignoró a esta mujer perturbada. A pesar de lo que ella pudo haber sentido en ese momento, no se rindió.

Deducimos esto, porque los discípulos estaban molestos con ella. Debe haber sido tan persistente, tan renuente a marcharse, que ellos ya no la podían soportar. Y le pidieron a Jesús que la despidiera porque los atosigaba todo el tiempo.

No era que no estuvieran acostumbrados a las multitudes. Acababan de venir de Galilea, donde multitudes de personas se agolpaban a dondequiera que fueran. Ya hacía meses que habían estado protegiendo a Jesús. Estaban acostumbrados a hacerlo. Pero algo acerca de esta mujer les molestaba. Y le rogaron que la despidiera porque los estaba volviendo locos.

En el versículo 24, Jesús respondió a los discípulos de una manera que parecía no tener nada que ver con su petición. Simplemente dijo: "...No soy enviado sino a las ovejas perdidas de la casa de Israel". La mujer, aún allí, debe haber escuchado este comentario. Aquello debe de haber servido de poco consuelo para ella. ¿Quería decir que solo los israelitas —judíos— podían recibir alguna ayuda de Él?

La mujer ya había reconocido que Él era judío. En Mateo 15:22, escuchamos que se dirige a Él como "Señor, Hijo de David". No sabemos cuánto sabía acerca de la religión de los judíos, pero sabía quién había sido el gran rey David y que Jesús provenía de este linaje. ¿Sabía ella —había escuchado— que aquí estaba el Mesías de los judíos? No lo sabemos. Pero su manera de dirigirse a Jesús nos dice que sabía algo acerca de la persona de Jesús que la hizo persistir, a pesar del silencio y la posterior exclusión.

Nada la desalentó. En el versículo 25, leemos: "Entonces ella vino y se postró ante él, diciendo: ¡Señor, socórreme!".

Entonces llegó una tercera clase de negativa. La encontramos en Marcos 7:27: "Pero Jesús le dijo: Deja primero que se sacien los hijos, porque no está bien tomar el pan de los hijos y echarlo a los perrillos".

¿Acaso no parecen aún más duras las palabras de Jesús? No importa cómo lo interpretemos, Jesús parece agravar a esta mujer extranjera. Llamó a los gentiles "perrillos" de la misma manera que hoy día se podrían usar nombres peyorativos para las personas de otras nacionalidades. Llamar a alguien un "perrillo" en la Palestina del primer siglo era agraviante.

En Medio Oriente, durante la época de Jesús, no se permitían perros en el interior de una vivienda. Los perros eran despreciados y considerados criaturas profanas. Estos deambulaban errantes, abandonados y medio salvajes. El perro merodeaba por las calles en busca de alimento. En temperamento, estos perros salvajes no eran muy diferentes a los lobos. Los adultos de Medio Oriente no se relacionaban con ellos.

En resumen, Jesús le dijo que primero había que alimentar a los judíos. No se debía regalar a los demás lo que legítimamente pertenecía a los judíos hasta que las necesidades de estos fueran suplidas. Pero esta mujer lista y ocurrente no se desanimó ante las palabras de Jesús: "Respondió ella y le dijo: Sí, Señor; pero aun los perrillos, debajo de la mesa, comen de las migajas de los hijos" (Mr. 7:28). Ella escuchó que Él uso una palabra para "perros" que realmente significaba "cachorritos". Aquello era todo lo que ella necesitaba saber.

A las familias con niños de Medio Oriente, se les permitía tener en la casa perros pequeños —cachorritos— como juguetes para los niños. Su lugar durante la hora de comer era debajo de la mesa. Estos comían de las migajas. Y probablemente, comían trozos de alimentos que se resbalaban bajo la mesa por la compasión de los niños.

Ella respondió: "Sí, Señor, lo que dices es cierto; pero aun los perrillos comen de las migajas que caen de la mesa de sus amos". Imagínate a Jesús con un parpadeo de ojo y un tono pícaro en la voz. Algo que Él hizo o dijo le dio a esta mujer esperanza y el valor de responder como lo hizo.

Si Jesús se lo hubiera dicho con un tono de voz duro, ella podría haber respondido con amargura. Pero su voz debe haber desmentido sus palabras. Ella aceptó que la estuviera probando y respondió de una manera inteligente: "Sí, hay que alimentar a los hijos. Nadie cuestiona eso. Pero aun así los cachorritos pueden comer de las migajas. Los judíos tienen una porción completa en ti. Tienen tu presencia. Tienen tus palabras. Se sientan a tus pies. Seguramente, no se resistirán a darme lo que pido. Echar fuera el demonio de mi hija no es más para ti que tirarle una migaja a un cachorrito. Nadie será privado de lo que le corresponde si tú haces esto por mí. Señor, tú tienes tanto que aun mientras alimentas a tus hijos, los perros pueden comer de las migajas sin privar a tus hijos de su alimento. Hay suficiente para tus hijos y aun para mí".

¿Cómo le respondió Jesús? Mateo nos lo dice:

Entonces respondiendo Jesús, dijo: Oh mujer, grande es tu fe; hágase contigo como quieres. Y su hija fue sanada desde aquella hora (15:28).

La fe de esta mujer es sorprendente. Ella tenía muy pocas posibilidades. Allí estaba ella, una mujer griega, sirofenicia de nacimiento, una cananea. Probablemente, tenía una herencia religiosa muy distinta a la judía. La religión cananea era politeísta. Es decir, que los cananeos adoraban a muchos dioses. En aquel entonces, los seguidores de esa religión ofrecían sacrificios humanos. Jezabel, esposa de Acab, un rey del Antiguo Testamento, provenía de la misma región de Tiro. Y forzó a los israelitas a adorar al dios pagano Baal. La religión cananea era radicalmente diferente a la de los judíos, que adoraban a un solo Dios, Jehová. Esta mujer cananea sabía muy poco acerca de la verdadera religión, y mucho de lo que sabía estaba errado.

A pesar de la falta de preparación en la religión judía, a pesar de no haber escuchado mucho acerca de Jesús, a pesar de no haberlo visto antes de este encuentro, ella creía que Él podía ayudarla.

Dentro del judaísmo, Jesús se había encontrado con la resistencia y la incredulidad de ambos lados. Pero fuera de Israel, se encontró con una mujer pagana cuya fe le causó asombro. Su fe era más grande que la que habían mostrado sus seguidores más cercanos. "Oh mujer, grande es tu fe".

Al decir esto, ¿recordó Jesús haber reprendido recientemente a Pedro con las palabras: "¡Hombre de poca fe! ¿Por qué dudaste?"? En el capítulo que precede inmediatamente al encuentro con esta mujer cananea, Mateo registró el incidente de Jesús al caminar sobre el mar (Mt. 14:22-34). Allí nos enteramos de que el Salvador había enviado a los discípulos a adelantarse y cruzar el lago, mientras Él despedía a las multitudes y subía al monte a orar.

Entonces, aquella noche se levantó un fuerte viento, y los discípulos no podían avanzar a remo en su barca pesquera por el mar de Galilea. En medio de aquella noche, cuando batallaban contra la tormenta, vieron a Jesús que caminaba sobre el agua. Y se atemorizaron. Jesús trató de disipar su temor al identificarse ante ellos y decirles que se animaran y no tuvieran miedo.

Después, Pedro —el audaz, valiente e impetuoso— gritó por sobre las olas: "Señor, si eres tú, manda que yo vaya a ti sobre las aguas". Jesús lo invitó a ir, y Pedro salió de la barca y comenzó a caminar sobre el agua hacia Jesús. Entonces, vio el viento, perdió confianza y comenzó a hundirse. Y gritó: "¡Señor, sálvame!". Jesús extendió rápidamente sus manos y lo agarró. El versículo 31 registra el comentario de Jesús a Pedro: "...¡Hombre de poca fe! ¿Por qué dudaste?".

A la mujer cananea, una mujer pagana sin la correcta enseñanza religiosa, que nunca había visto a Jesús antes, que sabía casi nada de las promesas de Dios a los judíos a través de los profetas, a esta mujer cananea, Jesús le dijo: "Oh mujer, grande es tu fe". El Señor encontró fe donde no lo esperaba.

Este contraste invierte las cosas. Suponemos que la persona con mayor conocimiento de la Biblia será el cristiano más fuerte, que está lleno de fe en los momentos de problemas. No esperamos mucho en absoluto de alguien que no ha asistido a la iglesia o a la escuela dominical. Pero aquí vemos una fe fuerte y persistente en una mujer con casi nada de preparación o trasfondo espiritual. Por otro lado, vemos al gran apóstol, al que servía como supervisor o líder de los doce discípulos, al gran predicador del Pentecostés, a aquel a quien Jesús le encargó la comisión "Apacienta mis ovejas"; a Pedro, al que lo reprendió diciendo: "¿Por qué dudas?". Dios pasará por alto la ignorancia, pero no pasará por alto la incredulidad.

Poca fe. Gran fe. Pedro se dejó influenciar por su entorno. Estuvo bien mientras ignoró el viento y las olas, y pudo desplazarse hacia Jesús. Pero sus circunstancias lo distrajeron.

La mujer, por otro lado, no dejó que nada la distrajera de su meta. Hizo caso omiso de los discípulos, ignoró el silencio de Jesús y su comentario de que había sido enviado al pueblo de Israel. Simplemente, se negó a dejar que sus circunstancias la desviaran de su meta.

Poca fe. Pedro corría precisamente el mismo peligro de hundirse desde el momento en que salió de la barca hasta que apenas logró avanzar con la ayuda de Jesús. Mientras pensaba que corría mucho peligro allí afuera sobre el lago, en realidad no corría ningún peligro. Jesús estaba allí. La fe débil, la poca fe, oscila como un péndulo entre la gran confianza y el gran temor. En un momento, Pedro estaba caminando sobre el agua. Al siguiente, se estaba hundiendo. Cuando se lanzó al mar y comenzó a caminar hacia el Salvador, demostró que Jesús era digno de confianza. Pero su confianza se evaporó cuando se enfocó en sus circunstancias.

Podríamos pensar: "Sí, yo soy más parecida a Pedro que a la mujer cananea. Mi fe no es grande. Oscila como un péndulo. En cierto momento, estoy caminando sobre el agua. Al siguiente, tengo el agua al cuello y me hundo".

Cobra ánimo. Un poco de fe sigue siendo fe. Una gota de agua sigue siendo agua, igual que el agua de una represa. Una chispa sigue siendo fuego, igual que el fuego de una llama. La poca fe sigue siendo fe.

Aún mejor, la poca fe puede convertirse en gran fe. El Pedro que encontramos en sus últimas cartas pudo escribir:

> En lo cual vosotros os alegráis, aunque ahora por un poco de tiempo, si es necesario, tengáis que ser afligidos en diversas pruebas,

para que sometida a prueba vuestra fe, mucho más preciosa que el oro, el cual aunque perecedero se prueba con fuego, sea hallada en alabanza, gloria y honra cuando sea manifestado Jesucristo (1 P. 1:6-7).

Jesús encontró esta fe genuina en una mujer que imploraba por su hija. Ella no desistió. No se rindió. Perseveró aun cuando Jesús la ignoró y le habló fríamente. Ella no aceptó un "no" por respuesta. Jesús era la única esperanza para su hija. Ella vio una luz en la oscuridad. Perseveró como si el Señor le hubiera dado una promesa en vez de una negativa. Spurgeon comentó que la gran fe puede ver el sol en medio de la noche. La gran fe puede segar una cosecha en pleno invierno. La gran fe puede encontrar ríos en los lugares altos. La gran fe no depende de la luz del sol. Ve lo que es invisible para cualquier otra luz. La gran fe espera en Dios.

Jesús se deleitó en la fe vigorosa de esta mujer. Él vio su fe de la manera en que un joyero ve una piedra excepcional, pero en bruto. Él la probó como un joyero maestro cincela y esmerila las impurezas de la superficie de una piedra preciosa. Con su silencio y su negativa, la pulió hasta que su fe brilló. Jesús usó su aflicción para hacer que su fe brillara como una joya excepcional.

La crisis de esta mujer —una pequeña hija poseída por un demonio— la llevó a recurrir a Jesucristo. Sin aquella difícil situación, pudo haber vivido y haber muerto, y nunca haber visto en absoluto al Salvador.

Las crisis pueden ser un instrumento de Dios para hacernos pensar diferente acerca de Él y llevarnos a nuevos niveles de confianza en Él. Aunque preferimos tener buena salud, la enfermedad puede ser buena si nos lleva a Dios. Nosotras preferimos la seguridad, pero las dificultades también nos hacen bien cuando nos llevan a Cristo.

Una mujer cananea anónima, una extranjera, nos recuerda que en las crisis de nuestra vida, podemos perseverar y confiar en Dios, porque Él es el único digno de confianza.

Preguntas para la reflexión personal o el debate grupal:

1. ¿Por qué piensas que la mujer cananea tenía "gran fe"? ¿De dónde provenía su fe?
2. ¿Por qué motivo Jesús reprendió a Pedro por tener "poca fe"?
3. ¿Cómo puedes mostrar que eres una mujer de fe? 4. ¿Cuáles serán algunos de los resultados si tú también muestras "gran fe" en tu vida?

7

LA MUJER CON EL FLUJO DE SANGRE

CÓMO ENCONTRAR A JESÚS EN TU DOLOR

Cuando mi amiga Joann conoció a su futuro esposo, con quien luego vivió un noviazgo de novela, tenía la ilusión de que sería feliz para siempre en su matrimonio cristiano. Una década después, su matrimonio se derrumbó. Su esposo la dejó por otra mujer, y ella comenzó la larga y dolorosa tarea de criar sola a dos niños pequeños. Los problemas financieros la afligían. Las frustraciones de ser madre y padre, ama de casa y trabajadora la llevaron a la depresión y al agotamiento. Y la soledad llegó a ser su constante compañera.

Una de sus desilusiones más grandes fue la falta de apoyo de parte de la familia de Dios. Los siguientes doce años se caracterizaron por una lucha interminable por pagar las cuentas, educar a sus dos hijos (ahora adolescentes) para que llegaran a ser hombres cristianos y fortalecer la autoestima que había sido pulverizada por el divorcio.

La mayoría de nosotras tiene amigas, como mi amiga Joann, que se tambalean por el peso de cargas que parecen insoportables, pero que, de alguna manera, siguen esperando que Jesucristo pueda influir positivamente en su vida. Si caminamos con Él a través de los Evangelios, vemos que lo rodeaban personas así. Mateo 9 comienza con un grupo de hombres que estaban desesperados por saber qué hacer con un amigo paralítico. Habían escuchado rumores acerca del joven rabino llamado Jesús. ¿Podría este rabino hacer algo por su amigo? Decidieron averiguarlo: levantaron al hombre en su cama y lo llevaron a Jesús.

Más adelante en Mateo 9, un principal de la sinagoga le imploró a Jesús que hiciera algo por su pequeña hija que acababa de morir. Cuando el Señor se marchó de la casa del principal, lo siguieron dos hombres ciegos, que daban voces diciendo: "¡Ten misericordia de nosotros, Hijo de David!". Mientras estos salían de su presencia, le llevaron un endemoniado mudo a Jesús. En un solo capítulo, Mateo nos muestra las necesidades desesperantes de personas muy diferentes que tenían una cosa en común: deseaban que, en medio de la agobiante desesperación, Jesús pudiera influir positivamente en su vida.

Mateo revela la compasión de Cristo ante el sufrimiento de las personas. Y termina con estas palabras:

> Recorría Jesús todas las ciudades y aldeas, enseñando en las sinagogas de ellos, y predicando el evangelio del reino, y sanando toda enfermedad y toda dolencia en el pueblo.
>
> Y al ver las multitudes, tuvo compasión de ellas; porque estaban desamparadas y dispersas como ovejas que no tienen pastor.
>
> Entonces dijo a sus discípulos: A la verdad la mies es mucha, mas los obreros pocos. Rogad, pues, al Señor de la mies, que envíe obreros a su mies (9:35-38).

En la mitad del capítulo, encontramos a otra persona desesperada, una mujer que hacía doce largos años padecía de hemorragias. El Evangelio de Mateo no es el único que relata su historia, también lo hacen el de Marcos y Lucas. Comenzamos a estudiar el sufrimiento de esta mujer en Marcos 5:24-25:

> Fue, pues, con él [Jairo, el principal de la sinagoga]; y le seguía una gran multitud, y le apretaban.
>
> Pero una mujer que desde hacía doce años padecía de flujo de sangre...

¡Doce años! Aunque no estamos seguras de la razón de este flujo de sangre, por lo general, se piensa que fue un período menstrual continuo, que había durado doce largos años. Aun en el mundo de hoy, con la medicina moderna que tenemos a nuestra disposición, esto sería extenuante y debilitador. Al igual que cualquier mujer de la actualidad, ella debe haber experimentado una merma total de su energía. Un constante sufrimiento, debilidad y depresión. Pero en la época de Jesús, era mucho, mucho peor.

En principio, su flujo de sangre la convertía en una marginada social. La naturaleza de su padecimiento en Israel era particularmente degradante. Desde la perspectiva judía, la mujer no podía sufrir de ninguna enfermedad más terrible y humillante que la hemorragia constante. Las mujeres con flujo de sangre eran impuras, literalmente intocables según el rito.

La ley establecía esto en Levíticos 15:25-27:

> Y la mujer, cuando siguiere el flujo de su sangre por muchos días fuera del tiempo de su costumbre, o cuando tuviere flujo de sangre más de su costumbre, todo el tiempo de su flujo será inmunda como en los días de su costumbre.
>
> Toda cama en que durmiere todo el tiempo de su flujo, le será como la cama de su costumbre; y todo mueble sobre que se sentare, será inmundo, como la impureza de su costumbre.
>
> Cualquiera que tocare esas cosas será inmundo; y lavará sus vestidos, y a sí mismo se lavará con agua, y será inmundo hasta la noche.

Levítico 15 concluye con estas palabras que Dios les dijo a Moisés y Aarón: "Así apartaréis de sus impurezas a los hijos de Israel, a fin de que no mueran por sus impurezas...".

¿Puedes imaginar las implicancias de ser "inmunda" por doce años? Muchos comentadores creen que su esposo pudo haberse divorciado de ella. Otros sugieren que ella pudo haber sido obligada a dejarlo. En cualquier caso, ella no podía mantener una relación normal. Debe haber estado aislada de todo judío que cumpliera con la ley, tanto de hombres como de mujeres. Incluso estar en contacto con una silla en la que ella se había sentado o con una cama en la que se había acostado era contaminarse. Aunque tales personas lavaran sus ropas y se bañaran con agua, seguían considerándose inmundas hasta la noche.

Esta era una de las consecuencias para esta mujer de la Palestina del primer siglo. Estaba aislada, soslayada y excluida de toda la vida de la comunidad. No podía ir al templo ni a la sinagoga. Se la eliminaba de la adoración corporativa a Dios. Y nadie podía tocarla, rozarla en una multitud o estar en contacto con cualquier cosa que ella hubiera tocado. Ella contaminaba todo.

¿Cómo hacía para comprar frutas o vegetales en los puestos callejeros? No podía tocar nada. Si rozaba al que atendía el puesto, este quedaba inmundo. ¿Cómo hacía para caminar por el pueblo sin tocar a nadie? ¡Imagina la terrible exclusión y el aislamiento en el que vivía hacía doce años! Inmunda. Inmunda.

Además, en su época, una mujer con flujo de sangre continuo era sospechosa. Las personas daban por hecho que era el castigo de Dios por algún pecado secreto. Esta tradición iba mucho más allá de la ley de Moisés. Probablemente, se la excomulgaba, enajenaba y excluía, todo sobre la base de un falso concepto de su enfermedad. Es inimaginable ser aislada de todas las cosas y todas las personas importantes para ti: tu familia, tu hogar, tu iglesia, tus amigos. Te atormentarías al preguntarte por qué te tuvo que suceder esto. ¿Por qué pecado ignoto Dios te estaría castigando? ¿Puedes imaginarte pasando doce años así? ¡Qué fatigosa desolación debe haber sentido aquella mujer!

La segunda consecuencia la leemos en Marcos 5:26:

> Y había sufrido mucho de muchos médicos, y gastado todo lo que tenía, y nada había aprovechado, antes le iba peor.

El Talmud presenta no menos que once curas diferentes para el flujo de sangre. Algunos remedios eran tónicos y astringentes.

Otras eran supersticiones. Por ejemplo, una cura era llevar las cenizas de un huevo de avestruz en una bolsa de lino en el verano y en una bolsa de algodón en el invierno. No sé cuán disponibles eran los huevos de avestruz en la Palestina de aquella época, pero estoy segura de que esta mujer encontró uno, lo incineró y llevó las cenizas como establecía el Talmud.

Otra "cura" era llevar un grano de cebada, que fuera encontrado en el estiércol o excremento de una burra blanca. ¿Puedes imaginarte mientras tratas de encontrar semejante cosa? Un tema sería tratar de encontrar una burra blanca. Otro sería encontrar un grano de cebada en el excremento de dicho animal.

Es probable que esta pobre mujer hubiera probado las once curas del Talmud y hubiera visto otros médicos que le prescribieron remedios igual de extravagantes, a menudo, dolorosos y posiblemente peligrosos. Lo había probado todo y había consultado a todos los médicos existentes. Pero Marcos nos dice que en vez de mejorar, empeoraba.

Así la encontramos en aquella enorme multitud de personas que apretaban a Jesús. Probablemente, no debería haber estado allí. ¿Qué pasaría si alguien tropezaba con ella y se contaminaba con su inmundicia? Ella debe de haber estado desesperada por una cura; algo que le permitiera dejar atrás aquella vida de aislamiento y humillación.

Marcos continúa la historia en el capítulo 5 versículos 27-29:

> Cuando oyó hablar de Jesús, vino por detrás entre la multitud, y tocó su manto.
> Porque decía: Si tocare tan solamente su manto, seré salva.
> Y en seguida la fuente de su sangre se secó; y sintió en el cuerpo que estaba sana de aquel azote.

¡Un milagro! Doce largos años de flujo de sangre continuo, y en aquel momento, cuando tocó el manto de Jesús, supo que se había sanado.

Algunos comentadores levantan objeciones al hecho de que la fe de esta mujer estaba contaminada por supersticiones. Ella pensaba que el simple hecho de tocar la vestimenta de Jesús efectuaría la sanidad. Si había un elemento de magia en su fe no es lo que importa especialmente. Lo que importa es que ella tuvo suficiente fe para creer que Jesús podía ayudarla. De alguna manera, tuvo la confianza en que el más ligero contacto con Él la sanaría.

Al escuchar que Jesús estaba en el pueblo, un pequeño rayo de esperanza se suscitó en su mente. Tal vez, Él podría ayudarla. Nadie había podido. ¿Podría encontrarlo? Entonces se agazapó contra una pared, tratando de ser lo menos notoria posible para que nadie pudiera reconocerla y le ordenara marcharse. ¿Pasaría Jesús por allí? ¿Era una posibilidad?

El sonido de una multitud que se aproximaba llegó hasta ella. Se podía ver esperanza y temor en sus ojos. Ansiosamente, se agazapó contra el portal de la entrada, con la única esperanza de que Jesús pasara por donde ella estaba. Tal vez pensó: "Si solo pudiera tocar su ropa. ¿Y si me atrevo? Voy a contaminar al Maestro si lo hago. Haré que quede inmundo. Pero escuché que ha tocado a los leprosos, que son inmundos como yo, y los sanó. Pero tal vez, como soy mujer, no quiera sanarme. Si Él es un judío que cumple con la ley, ora cada mañana y le da gracias a Dios por no haberlo hecho mujer. Además, gasté lo que tenía en médicos y no me quedó nada con qué pagarle. Por otro lado, escuché que Él se compadece de los pobres". Esta mujer luchaba para aferrarse a la esperanza, mientras olas de desesperanza golpeaban contra ella.

En medio de su confusión, la muchedumbre empujaba y daba empellones a su alrededor. Allí, entre la multitud agolpada, estaba el Maestro, Jesús, aquel que podría ayudarla. La desesperación y la esperanza la propulsaron hacia delante, lejos del refugio de la pared y el portal de entrada. ¡Había muchas personas! ¿Cómo haría para atravesar semejante masa espesa de gente? Muy débil. Muy cansada. Muy frágil. Con cuidado y tan discretamente como le fue posible, se abrió camino por entre la masa, en todo momento con el temor de que alguien que la conociera la hiciera volver a casa. El miedo la hacía retroceder. La determinación la impulsaba hacia adelante.

Finalmente, se acercó por detrás de Jesús, extendió su mano y tocó el fleco blanco y azul del borde de su manto. Las vestiduras de todo hombre judío, que cumplía con la ley, llevaban cuatro flecos blancos, cosidos con hilo de color azul en las cuatro esquinas del borde: uno al frente, uno a cada lado y uno atrás. Esto se llamaba el borde del manto. Ella extendió su brazo tentativamente y luego, con una desesperada determinación, tocó el fleco. La palabra que Marcos usó, en el griego significa "agarró". Ella no solo rozó con su mano el fleco, sino que lo agarró. La ley decía que ella no debía tocar nada, pero en su desesperación, no solo tocó, sino que agarró ese fleco. Y en aquel momento, toda la debilidad y enfermedad que la habían afectado durante doce largos años desapareció. En su cuerpo fluyó una indescriptible corriente de salud.

En aquel momento, Jesús ignoró sus supersticiones y se centró en su fe. La historia continúa en Marcos 5, versículos 30-34:

> Luego Jesús, conociendo en sí mismo el poder que había salido de él, volviéndose a la multitud, dijo: ¿Quién ha tocado mis vestidos?
>
> Sus discípulos le dijeron: Ves que la multitud te aprieta, y dices: ¿Quién me ha tocado?
>
> Pero él miraba alrededor para ver quién había hecho esto.
>
> Entonces la mujer, temiendo y temblando, sabiendo lo que en ella había sido hecho, vino y se postró delante de él, y le dijo toda la verdad.
>
> Y él le dijo: Hija, tu fe te ha hecho salva; ve en paz, y queda sana de tu azote.

Lucas 8:45-48 cuenta básicamente la misma historia, pero con el agregado de algunos detalles que Marcos omitió:

Entonces Jesús dijo: ¿Quién es el que me ha tocado? Y negando todos, dijo Pedro y los que con él estaban: Maestro, la multitud te aprieta y oprime, y dices: ¿Quién es el que me ha tocado?

Pero Jesús dijo: Alguien me ha tocado; porque yo he conocido que ha salido poder de mí.

Entonces, cuando la mujer vio que no había quedado oculta, vino temblando, y postrándose a sus pies, le declaró delante de todo el pueblo por qué causa le había tocado, y cómo al instante había sido sanada.

Y él le dijo: Hija, tu fe te ha salvado; ve en paz.

"¿Quién es el que me ha tocado?", preguntó Jesús. Podrás entender por qué Pedro y los otros discípulos estaban desconcertados. Sin duda, muchas personas estaban tocando al Maestro. Pero aquello había sido diferente. Jesús sabía que alguien lo había tocado con fe.

¿Piensas que Él realmente no sabía quién lo había tocado? Es evidente que quería elevar la fe de esta mujer a un nivel más alto. Ella había creído en el poder mágico de su ropa. Él quería que ella supiera que había ejercido fe en Él y que su fe, no el borde de su manto, la había sanado. Y quería hacerlo en frente de la multitud. Hasta ese momento, ella había sido una marginada. Ahora, era puesta frente a todos como un ejemplo de fe.

¿Qué hubieras sentido de haber estado en su lugar aquel día? En un instante, fue sana. Ella lo sintió. Sabía que había sido sanada. Pero ahora, mientras se alejaba por entre la multitud, escuchó que Él preguntó: "¿Quién es el que me ha tocado?". ¿Descubriría Él que había sido ella? ¿La castigaría por haberlo hecho inmundo?

Finalmente, segura de que sería descubierta, se acercó temblando de miedo. Después de contar su historia de doce años de enfermedad y aislamiento, y de haberlo tocado y recibir su sanidad, Jesús la llamó "hija". Este es el único episodio del Nuevo Testamento en el que Jesús llama "hija" a una mujer.

¡Al fin una relación! Después de doce años de haber sido privada de cualquier relación, aquí hay alguien que se relaciona con ella.

Cualquiera sea el sentimiento de indignidad o inferioridad que tuviera después de doce años de aislamiento de todos los demás, en ese momento Jesús la afirmó como persona y la invitó a unirse en una relación con Él.

Durante doce años, esta mujer había estado perdida entre la multitud. Se había vuelto casi invisible, excepto cuando otros temían que ella pudiera contaminarlos. Pero cuando Jesús se le acercó, ya no pudo seguir perdida entre la multitud.

¿Te has sentido alguna vez perdida entre la multitud? ¿Te has sentido a veces invisible, no querida? Todo lo que hace falta es que nos acerquemos a Jesús con fe, aunque sea con solo un poco de fe. Él nos encontrará, nos levantará y nos llamará "hija", y nos invitará a unirnos en una relación con Él. Aún más, una vez que nos unimos a Él en esa relación, tenemos todo el amor de Dios y todo el poder de Dios a favor de nosotras. No es que una persona consuma más del amor y el poder de Dios y deje menos para las demás personas. De ninguna manera. El amor y el poder de Dios son infinitos. Hay suficiente para todos.

San Agustín dijo al leer esta historia: "La carne empuja, pero la fe toca". Jesús siempre se daba cuenta de la diferencia. Él sabía cuáles eran simplemente empujones de la multitud y cuál era el toque de fe. Él pudo notar la diferencia en Palestina hace dos mil años y puede notar la diferencia hoy día. Él conoce el toque y responde a nuestra necesidad.

¿Has notado qué no sucedió en esta historia? No vemos a la mujer que haya implorado y rogado que la sane. Ella simplemente se acercó con fe y tocó el borde de su manto, y se sanó. Jesús no le exigió que cumpliera con cualquier clase de ritual. Era suficiente con que creyera. En el momento que ella actuó, llegó la sanidad.

El ministerio público de Jesús duró apenas tres cortos años. Él tenía mucho que hacer y enseñar. Pero siempre tenía tiempo para quienes lo necesitaban. Él vio a Zaqueo en el árbol sicómoro. Vio al ciego Bartimeo a la entrada de Jericó. Incluso vio al ladrón en la cruz adyacente. Le dedicó tiempo a la mujer que había padecido de flujo de sangre por doce largos años. Y no le pidió nada más que creyera que Él tenía el poder de hacer por ella lo que ella no podía hacer por sí misma.

Sucede lo mismo con nosotras hoy día. Jesús solo nos pide que creamos que Él tiene el poder de hacer por nosotras lo que no podemos hacer por nosotras mismas. Es la única manera que podemos estar en relación con Él. Nuestra fe podría ser imperfecta. Podría ser débil. Pero si acudimos a Jesús con fe, ya sea mucha o poca, Él se acercará a nosotras con sanidad. Y también podremos escuchar cuando nos diga: "Ve en paz".

El texto bíblico griego en realidad dice: "Entra en la paz". ¿No es espléndido? Salir de la intranquilidad y entrar en la paz. Qué manera magnífica de vivir: en paz. Este fue el legado de Jesús para sus discípulos justo antes de su crucifixión: "La paz os dejo, mi paz os doy; yo no os la doy como el mundo la da. No se turbe vuestro corazón, ni tenga miedo" (Jn. 14:27).

Esta promesa dada hace dos mil años a un grupo de seguidores en un aposento alto, en aquella última cena antes que Jesús muriera, es una promesa que atraviesa los siglos hasta llegar a ti y a mí. Entra en la paz. Es el regalo de Jesús para cada una de nosotras, y recibimos este regalo cuando nos acercamos a Jesús con fe y lo tocamos. Él conoce el toque de fe. Y siempre responde.

Preguntas para la reflexión personal o el debate grupal:
1. ¿Qué piensas que hace falta para recurrir a Jesús cuando estás en necesidad?
2. Jesús ignoró la superstición de la mujer y respondió a su fe. ¿Puedes confiar en que Jesús hará lo mismo por ti? Explícalo.
3. La mujer pensaba que estaba perdida entre la multitud, pero Jesús la distinguió. ¿Qué significa esto para ti hoy día?
4. Jesús no solo sanó a la mujer de su hemorragia. ¿Qué más hizo por ella? ¿Cómo se aplica esto a tu vida?

8

LAS DOS VIUDAS

Cómo dar y recibir de gracia

Hace poco un amigo cambió de trabajo y se mudó a una nueva oficina. Me invitó a pasar por allí cuando volviera a estar en las inmediaciones. Cuando entré a la oficina, quedé impresionada. Sobre la pared detrás de su escritorio había varias fotografías enmarcadas, una de mi amigo con Billy Graham, otra dedicada a mi amigo por Garrison Keillor, una tercera autografiada para él por un senador de los Estados Unidos. ¡No tenía idea de que mi amigo tuviera relaciones de semejante nivel!

Supongamos que nos invitaran a la oficina de Jesucristo. ¿Las fotografías de qué personas encontraríamos en la pared detrás de su escritorio? ¿Encontraríamos una fotografía de Zaqueo, el rico y repudiado recolector de impuestos? ¿O la de la anónima mujer pecadora, que prodigó su amor y agradecimiento a Jesús al lavar sus pies con sus lágrimas y ungirlos con perfume? Podría ser. Pero también podríamos encontrar la fotografía de dos viudas: una a la que Jesús le mostró su gracia, y otra que le mostró su agradecimiento a Él.

Viudas. ¿Qué significa ser viuda para nosotras hoy día? Aun en la sociedad occidental moderna, una viuda raras veces tiene una vida fácil. En la mayoría de los casos, cuando su esposo muere, el soporte financiero de una viuda es severamente reducido. Si tiene más de sesenta y cinco años, tiene derecho a recibir algunas prestaciones sociales. Puede recibir cuidado médico básico y subsidio alimenticio si lo necesita. Hay algunas estructuras establecidas para la ayuda de la anciana que ha quedado sola y pobre. No es mucho, pero puede ser la diferencia entre la muerte y la vida.

Si una viuda de hoy tiene menos de sesenta y cinco años, puede contar con poca ayuda, excepto por el subsidio alimenticio. Probablemente, trabaje para sostenerse a sí misma. En la mayoría de los casos, es casi seguro que no gane más que lo suficiente para pagar sus cuentas básicas. Las mujeres, en promedio, ganan solo dos tercios del salario de los hombres por el mismo nivel de trabajo. Peor aún, la mayoría de las mujeres de edad no tienen las habilidades para trabajar en otro empleo que no sea un empleo de nivel básico. A menos que el esposo de una viuda le haya dejado una buena póliza de seguro y la hipoteca de la casa saldada, una buena cuenta de ahorros o un buen programa de inversiones, su nivel de vida probablemente tenga una caída significativa después de enviudar. Esta es una de las realidades de la viudez hoy día. Puede que pase sus últimos años en una distinguida pobreza.

En los tiempos de Jesús, una mujer estaba, generalmente, en peores condiciones. Por regla general, tenía una posición de total dependencia de un hombre: su padre, esposo, hijo, hermano o cuñado. Cuando el esposo de una mujer moría, le quedaban pocas opciones. Si tenía un hijo, él se hacía cargo de la administración del patrimonio de su padre, y ella podía seguir viviendo en la casa. Si no tenía hijos, por lo general, regresaba a la casa de su padre, si es que aún estaba vivo. Tal vez, se podían hacer arreglos para que volviera a tener la oportunidad de casarse.

Otra opción era pedir que se le aplique la ley hebrea del levirato. Recordarás la conversación que Jesús mantuvo anteriormente con algunos saduceos en Marcos 12:18-23, un pasaje que deja en claro de qué se trataba este matrimonio:

> Entonces vinieron a él los saduceos, que dicen que no hay resurrección, y le preguntaron, diciendo:
>
> Maestro, Moisés nos escribió que si el hermano de alguno

muriere y dejare esposa, pero no dejare hijos, que su hermano se case con ella, y levante descendencia a su hermano.

Hubo siete hermanos; el primero tomó esposa, y murió sin dejar descendencia.

Y el segundo se casó con ella, y murió, y tampoco dejó descendencia; y el tercero, de la misma manera.

Y así los siete, y no dejaron descendencia; y después de todos murió también la mujer.

En la resurrección, pues, cuando resuciten, ¿de cuál de ellos será ella mujer, ya que los siete la tuvieron por mujer?

¡Qué pregunta interesante! Nos da una buena idea de cómo funcionaba el levirato en los tiempos de Jesús. Una viuda estaba a merced de los hermanos de su esposo muerto. Si no tenía hermanos, o si los hermanos decidían no cumplir con su deber, ella podía quedarse sin ningún tipo de seguridad económica, ni hablar de apoyo emocional o aceptación social.

¿Cuál era el propósito del levirato? La reproducción. Toda la idea era asegurarse de que ella diera a luz un hijo en nombre de su esposo muerto. Si era muy mayor para engendrar hijos, era probable que nadie quisiera lidiar con ella. Una viuda sin un hijo que la cuide en su vejez carecía totalmente de recursos.

Jesús se encontró con una mujer así a la puerta de entrada de una ciudad, al interceptar la procesión de un funeral. Su historia comienza en Lucas 7:11-12:

Aconteció después, que él iba a la ciudad que se llama Naín, e iban con él muchos de sus discípulos, y una gran multitud.

Cuando llegó cerca de la puerta de la ciudad, he aquí que llevaban a enterrar a un difunto, hijo único de su madre, la cual era viuda; y había con ella mucha gente de la ciudad.

Jesús, rodeado por sus discípulos y una gran multitud, llegó a la ciudad de Naín al momento en que la procesión de un funeral pasaba por la puerta de la ciudad. Podían escuchar el llanto de los dolientes aun antes de ver la procesión. Algunos de los pobladores entonaban lamentos. Otros exclamaban: "¡Ay! Qué pena. ¡Ay! Qué pena". Otros, incluso, se lamentaban y se golpeaban el pecho. La escandalosa procesión atravesó la puerta de la ciudad y se dirigía al sitio del entierro.

Entonces Jesús divisó a los cuatro hombres que llevaban el cuerpo sin vida en un féretro. No era difícil distinguir, a pesar de la cacofonía de los que se lamentaban, quién era la persona que había perdido a su ser querido: la mujer sola que lloraba y trastabillaba en el camino, abrumada por su tristeza.

¿Puedes imaginar un funeral más triste que el del único hijo de una viuda? Era una madre que había quedado sola, sin descendencia. Su esposo había muerto hacía poco. Ahora, su único hijo también había muerto. Había perdido las dos personas más importantes de su vida. Aún más, puede que también hubiera perdido su medio de subsistencia.

El texto bíblico nos dice que Jesús sintió compasión por ella. Su corazón se conmovió. Después le agregó acción a su compasión. Lucas nos dice:

> Y cuando el Señor la vio, se compadeció de ella, y le dijo: No llores.
>
> Y acercándose, tocó el féretro; y los que lo llevaban se detuvieron. Y dijo: Joven, a ti te digo, levántate.
>
> Entonces se incorporó el que había muerto, y comenzó a hablar. Y lo dio a su madre.
>
> Y todos tuvieron miedo, y glorificaban a Dios, diciendo: Un gran profeta se ha levantado entre nosotros; y: Dios ha visitado a su pueblo.
>
> Y se extendió la fama de él por toda Judea, y por toda la región de alrededor (7:13-17).

La primera acción de Jesús nos da cuenta de su compasión, pero parece algo sin sentido. ¿Cómo podía Él decirle a ella "No llores"? ¡La mujer acababa de perder a su único hijo! ¿Acaso era insensible ante su pérdida? ¿O era capaz de convertir su tristeza en gozo? Solo su segunda acción le dio sentido a la primera.

Una vez más, Jesús violó las prácticas rabínicas al tocar voluntariamente lo que era inmundo según el rito. Se acercó y puso su mano sobre el féretro. De repente, los dolientes suspendieron sus lamentos. La multitud retrocedió. ¿Quién era este rabino que se atrevía a tocar el féretro del muerto?

¿Necesitaba el Señor hacer aquello para llevar a cabo un milagro? No necesariamente. Cuando Jesús estuvo frente a la tumba de Lázaro, simplemente ordenó al hombre muerto que saliera. Él podía resucitar a los muertos tan solo con una palabra. Pero aquí, en la puerta de la ciudad de Naín, frente a una enorme multitud, Jesús hizo lo impensable. Se hizo inmundo, según el rito, al acercarse y tocar el féretro contaminado. En aquella acción, resalta una vez más que no es lo de afuera lo que nos contamina, sino lo que hay dentro de nuestro corazón.

Después Jesús habló: "Joven, a ti te digo, levántate". Los pobladores y los dolientes se miraron uno al otro. ¡Ese hombre debe de estar loco! ¿No se daba cuenta de que la persona estaba muerta? Todas las miradas se fijaron en el féretro. Las personas quedaron boquiabiertas cuando el joven se sentó. Y quedaron mucho más absortas cuando comenzó a caminar. ¿Era posible?

¿Quién había escuchado alguna vez de muertos que volvían a la vida? Sin embargo, lo vieron con sus propios ojos.

¿De haber estado en la puerta de la ciudad de Naín aquel día, cómo te hubieras sentido? ¿Maravillada? ¿Asustada? ¿Estupefacta? Posiblemente, de las tres maneras.

La Biblia nos dice que Jesús le devolvió el joven a su madre. Los que trasladaban el féretro asombrados lo bajaron. Puede que Jesús le haya extendido su mano al joven y le haya ayudado a ponerse de pie. Y con su rostro aún cubierto de lágrimas, la viuda corrió a abrazar a su hijo ahora con vida.

Jesús hizo este milagro asombroso por una razón: su corazón se compadeció de esta pobre viuda que acababa de perder su futuro, su único hijo.

La fe no era parte del paquete. Jesús no le dijo a la mujer que debía tener fe en Él para poder ver el milagro de Dios. Jesús sabía que cuando una persona está luchando bajo la pesada carga de la aflicción, no es momento para una lección de teología. Es momento para la compasión. Jesús hizo lo que podía hacer, porque su corazón se conmovió ante la desdicha de la mujer.

Es algo muy importante saber que Jesús se conmueve ante nuestra tristeza y se acerca para consolarnos, aunque no hagamos nada para merecerlo. Podríamos fácilmente tener la impresión de que la vida cristiana es una especie de trueque: si tenemos cierta cantidad de fe, podemos esperar cierta cantidad de devolución de parte de Dios. A más fe, más cosas de Dios. Una clase de negociación pía. Pero allí es donde nos equivocamos.

Lo que Jesús hizo por aquella viuda en la puerta de la ciudad de Naín hace dos mil años fue darle el regalo de su gracia. Ella no había hecho absolutamente nada para merecer aquel milagro. Sin embargo, Jesús se acercó a ella en su dolor y le devolvió su hijo. Le devolvió su futuro. Y lo mismo hace por nosotras hoy día. Nos da un futuro y una esperanza solo por su gracia.

* * *

¿Cómo respondemos cuando recibimos la gracia de Dios? Jesús se aseguró de que sus discípulos no pasaran por alto una importante manera de responder a Dios. El hecho ocurrió varios meses después. La escena transcurrió en el patio del templo de Jerusalén.

Los adoradores del templo entraban primero al patio externo llamado "patio de los gentiles". Los judíos después pasaban por la puerta de "la hermosa" al "patio de las mujeres". Solo los hombres judíos podían entrar al patio de más adentro, "el patio de Israel".

En el patio de las mujeres —accesible a todos los judíos—, había trece cajas de recolección. Se las llamaba "trompetas" porque tenían la forma de la campana de dicho instrumento. Cada una de esas cajas de recolección tenía un propósito diferente. Una era para las ofrendas para comprar aceite, otra para maíz, otra para vino, etc., artículos necesarios para los sacrificios diarios y para el mantenimiento general del templo.

No sabemos mucho acerca de cómo Jesús adoraba o qué hacía cuando iba al templo. Pero una cosa es cierta: Él se fijaba en las ofrendas. Marcos nos dice que Jesús pasaba tiempo en el templo:

> Estando Jesús sentado delante del arca de la ofrenda, miraba cómo el pueblo echaba dinero en el arca; y muchos ricos echaban mucho (Mr. 12:41).

Podríamos pensar que el interés de Dios en lo que hacemos se limita solo a cuán a menudo oramos o leemos la Biblia. Pero no es así. Jesús está muy interesado en lo que damos a la obra de Dios también. Cuando vamos a la iglesia, Él sabe cuánto ponemos en el plato de la ofrenda, así como los cánticos que cantamos y las oraciones que hacemos.

Cuando predicó el sermón del monte, Jesús dejó en claro que donde está nuestro tesoro muestra dónde está nuestro corazón (Mt. 6:21). La actitud que tenemos con respecto al dinero prueba la realidad que profesamos. Lo que damos o retenemos demuestra cuáles son nuestras prioridades. No es de sorprenderse que aquel día Jesús se hubiera fijado en la ofrenda en el patio del templo.

Mientras estaba sentado allí, ¿qué vio? Marcos escribió que muchas personas ricas daban grandes cantidades de dinero. Incluso, podemos imaginar, según Mateo 6:2, que estos ricos se acercaban a las cajas de recolección, precedidos por músicos contratados que hacían sonar las trompetas para llamar la atención hacia su ofrenda. En medio de estas personas adineradas, Marcos nos dice: "Y vino una viuda pobre, y echó dos blancas, o sea un cuadrante" (Mr. 12:42).

Al ver esto, Jesús hizo y dijo algo extraño. Llamó a los discípulos, señaló a la viuda y dijo:

De cierto os digo que esta viuda pobre echó más que todos los que han echado en el arca; porque todos han echado de lo que les sobra; pero ésta, de su pobreza echó todo lo que tenía, todo su sustento (Mr. 12:43-44).

Aquello podría parecernos un poco ridículo. ¡Desde luego, ella no había dado más! De hecho, era imposible hacer una ofrenda, y al mismo tiempo dar menos de lo que ella ofreció. De acuerdo al sistema de su época, uno no podía dar menos de "dos blancas", dos pequeñas monedas de cobre.

Jesús no estaba hablando de cantidades reales de dinero. Él estaba hablando de proporciones. Lo que a Dios le importa es lo que damos en proporción a lo que guardamos. Es fácil pensar que dado que no puedo dar tanto como quisiera, no debería molestarme en darle lo poco que tengo a Dios. Este es exactamente el tipo de pensamiento que Jesús quería contrarrestar.

Lo que sea que le podemos dar a Dios —ya sea dinero, tiempo o energía— es medido no solo por cuánto, sino por cuánto en proporción a lo que podemos dar. Como Jesús les explicó a sus discípulos, "ésta, de su pobreza echó todo lo que tenía, todo su sustento". Aquel día, la pobre viuda tuvo que elegir entre tener algo para comer o darle a Dios. No podía dar la mitad a Dios y guardar la mitad para un poco de pan. Era cuestión de darle todo a Dios o guardárselo para ella misma. Ella eligió darle todo a Dios. Fue su devoción sin reservas lo que atrajo la atención de Jesús aquel día.

Esta viuda podría haber ido al patio del templo preguntándose si debería hacer semejante sacrificio personal. Después de todo, lo poco que tenía para dar, apenas alcanzaría para comprar un poco de aceite para las lámparas del templo del sacrificio. Intimidada por la magnitud de las demás ofrendas, puede que haya vacilado, al ver cómo los judíos adinerados, con ostentación, depositaban su dinero en las cajas de recolección. ¿Le importaba a Dios realmente si ella había ofrendado dos pequeñas monedas de cobre?

Peor aún, todos sabían que los maestros de la ley, aquellos que mantenían el sistema del templo, eran corruptos. Entonces, igual que en la actualidad, las viudas eran blancos, particularmente susceptibles a los líderes religiosos sin escrúpulos, que a veces se aprovechaban de ellas. Sentado en el patio del templo aquel día, Jesús acababa de advertir a sus oyentes:

> Guardaos de los escribas, que gustan de andar con largas ropas, y aman las salutaciones en las plazas, y las primeras sillas en las sinagogas, y los primeros asientos en las cenas; que devoran las casas de las viudas, y por pretexto hacen largas oraciones. Estos recibirán mayor condenación (Mr. 12:38-40).

¿Qué significa que los líderes religiosos "[devoraban] las casas de las viudas"? Según aprendemos del historiador Josefo, los fariseos se enorgullecían de ser maestros puntuales de la ley. En el judaísmo, un maestro de la ley no podía recibir ningún pago por enseñar a otros. Se suponía que debía tener un comercio o una profesión para su sostenimiento económico, y se le exigía que enseñara sin recibir ningún pago.

Muchos fariseos, sin embargo, se las arreglaban para persuadir a las personas comunes y corrientes —a menudo viudas— de que lo más importante que podían hacer era sustentar a un fariseo conforme a lo que estaba acostumbrado. Parecía que las mujeres eran particularmente susceptibles a esta proposición. Se tenía conocimiento que muchas viudas gastaban todo lo que tenían para sustentar a un maestro de la ley. Los fariseos se aprovechaban de ellas. Estos muchas veces les sacaban grandes sumas de dinero por aconsejarlas o les estafaban propiedades enteras a sus dueños para su uso personal.

Jesús había visto esto y sabía que era muy fácil que les sucediera a estas mujeres. Sentado en el patio del templo, acababa de advertir acerca de los maestros de la ley que devoraban la casa de las viudas, cuando una pobre viuda que se acercaba a las cajas de recolección atrajo su atención. En dicho momento, al detenerse y apretar las dos pequeñas monedas de cobre —todo lo que tenía—, ¿pensaba ella en los líderes corruptos que podrían gastar esas monedas negligentemente? ¿Debería negarse a sí misma el alimento necesario, cuando podía hacer tan poco, y cuando su ofrenda podía ir a parar a manos de personas deshonestas?

Cuando extendió su mano y dejó caer las dos monedas en una de las trompetas, ella sabía eso, pero a pesar de todo, le estaba dando a Dios. Para ella era más importante mostrarle gratitud a Dios que tener alimentos. Ella fue a adorarlo con lo que tenía, con lo que podía dar. Su devoción a Dios provenía de su corazón. Y dio todo lo que tenía.

Al destacar a esta pobre viuda en el patio del templo, Jesús nos enseña que Dios juzga lo que damos por la calidad de nuestra ofrenda, no por la cantidad. La persona que destacó como modelo de generosidad fue alguien que dio menos de un centavo. Lo que hacía que tuviera más valor que la gran abundancia de los demás es que era todo lo que ella tenía.

Durante nuestros años de pastorado en el centro de Wyoming, muchas veces contratábamos a una pequeña abuela rolliza para cuidar a nuestros cuatro hijos. Para hacer esto, la Sra. Knapp tenía que manejar un viejo automóvil impredecible el trayecto que había desde la pequeña casa donde ella y su esposo vivían hasta la ciudad. Habían llegado a instalar el agua corriente en la casa, pero nunca habían podido pagar la instalación de un baño. De haber sido la Sra. Knapp, estoy segura de que hubiera ahorrado todo el dinero que recibía por cuidar a los niños y el dinero para las necesidades básicas, y hubiera instalado un baño interior completo.

Lo que a menudo me sorprendía era que la Sra. Knapp cuidaba niños, no para la instalación del baño, sino para tener algo para darle a Dios cada domingo. Cuando yo depositaba un cheque de diezmo en el plato de la ofrenda cada domingo, sabía que la Sra. Knapp estaba depositando mucho, mucho más. Muchas de nosotras damos de nuestra abundancia. Ella, de su pobreza, ponía todo lo que tenía. Jesús nunca dejó de ver su ofrenda.

Muchas veces cansada, sin la seguridad de que su automóvil arrancaría, preocupada por su esposo, la Sra. Knapp siempre llegaba a nuestra casa con una sonrisa. Estaba ganando algo para darle a Dios. Y eso la fortalecía.

Cuando tú y yo damos, estamos haciendo algo que a Dios le agrada. Y cuando damos, le damos significado y propósito a todo lo que ganamos. Es como dijo Jesús: "Más bienaventurado es dar que recibir" (Hch. 20:35).

Estaba en la oficina de mi amigo admirando las fotografías sobre su pared. Y pensé en las fotografías que Jesús podría tener sobre su pared. Seguramente la foto de la Sra. Knapp estaría allí, junto a la de la viuda del patio del templo.

Por gracia Jesús le dio a una viuda su futuro. Por gracia Jesucristo nos da a cada una de nosotras un futuro y una esperanza. Cuando llegamos a entender eso, comenzamos a ver por qué, como la viuda del patio del templo, podemos dar a Jesús todo lo que tenemos. ¿Dos pequeñas monedas? Podemos desprendernos de estas. No importa lo que tengamos, podemos dárselo a Dios de gracia y a manos llenas, no porque estemos negociando con Él, sino porque hemos recibido de gracia.

> Te damos a Ti, aunque tuyo es,
> Cualquiera sea la dádiva,
> Todo lo que tenemos pertenece a Ti,
> Prestado, Oh Señor, por Ti.

Gracia y dádiva. La gracia de Dios es para con los indefensos, y a menudo es de los indefensos que Dios recibe la mayor alabanza. Cuanto más entendemos su gracia, más le damos de gracia.

Preguntas para la reflexión personal o el debate grupal:

1. Al pensar en la compasión de Jesús por la viuda de Naín, ¿qué promesa conlleva ese incidente para ti como seguidora de Jesús hoy día?

2. ¿Cómo te sientes con respecto a recibir gracia de la mano de Dios sin ser capaz de devolvérsela?

3. ¿Qué piensas que quiso decir Jesús cuando dijo que la viuda había dado más al templo que todas las personas ricas que habían depositado grandes cantidades? ¿Cómo se aplica esto a lo que podemos dar a Dios?

4. ¿Has tenido alguna experiencia que muestre que Dios cuida de las viudas indefensas de hoy así como lo hacía hace dos mil años? Si es así, describe tu experiencia.

9

UNA MUJER PECADORA
CÓMO CULTIVAR UNA ACTITUD DE AGRADECIMIENTO

La gratitud puede ser algo que cuesta expresar. Algunas personas tienen facilidad de palabras y dan la impresión de estar maravillosamente agradecidas, aunque no lo estén. Las palabras, el tono de voz y los gestos son correctos. Pero algo no nos convence; detectamos la insinceridad y dudamos de estar escuchando una expresión de gratitud genuina. Otras personas están desesperadas por expresar su gratitud, pero parece que nunca encuentran las palabras correctas para comunicar lo que sienten. Se les traba la lengua y después se quedan en silencio, con el temor de que si dicen algo, saldrá mal. También están las personas que nunca entienden su deuda para con un miembro de la familia o un amigo, y ni se esfuerzan para decir gracias. A la mayoría de nosotras le cuesta tratar con alguien que no valora la bondad de los demás.

Los escritores de los Evangelios registraron la historia del encuentro de Jesús con un par de personas que fueron totalmente diferentes en su actitud hacia el agradecimiento. Las encontramos en Lucas 7. Simón era un fariseo meticuloso, la mujer anónima era una "pecadora". Él era cortés externamente, pero carecía de cordialidad en su interior. Ella fue poco convencional para expresar su amor. Él respondió a la dádiva del perdón con un distante "Oh". Ella prodigó su gratitud a su Señor.

Lucas comienza la historia de esta manera:

Uno de los fariseos rogó a Jesús que comiese con él. Y habiendo entrado en casa del fariseo, se sentó a la mesa.

Entonces una mujer de la ciudad, que era pecadora, al saber que Jesús estaba a la mesa en casa del fariseo, trajo un frasco de alabastro con perfume; y estando detrás de él a sus pies, llorando, comenzó a regar con lágrimas sus pies, y los enjugaba con sus cabellos; y besaba sus pies, y los ungía con el perfume (7:36-38).

La escena transcurre en Galilea. Jesús acababa de sanar al siervo de un centurión que estaba a punto de morir. Un día después, interceptó la procesión de un funeral en la puerta de la ciudad de Naín y le restituyó un hijo muerto a su madre viuda. Los rumores acerca de este joven y sorprendente rabino de Nazaret, que cada día parecía ser más increíble, se extendieron hasta las afueras de la ciudad. Un fariseo llamado Simón sabía que era tiempo de concertar una reunión con Él.

Si hacía un banquete e incluía a Jesús en la lista de invitados, Simón no tendría que entremezclarse con los pobladores en la plaza. También tendría una oportunidad directa de estudiar a este nuevo maestro potencialmente peligroso. La última vez que Jesús había predicado en su sinagoga y en la plaza, se presentaron en el lugar algunas de las peores personas de la ciudad. Lo que se murmuraba era que algunas de esas personas se habían "convertido". De hecho, la noticia era que, después de escuchar la predicación del maestro, una prostituta del pueblo decía que Dios podía perdonarla y aun darle un nuevo comienzo. Simón estaba seguro de que la justicia no podía adquirirse con una simple oración.

Cuando Jesús y sus discípulos llegaron, comenzó la comida. Luego una mujer inesperada, que no había sido invitada, llegó y se paró detrás de Jesús llorando, regó sus pies con sus lágrimas, los secó con su cabello y después derramó un perfume sobre ellos.

Para la mayoría de nosotras, esta escena no cuadra con nada de lo que vemos en las casas, con sus mesas y sillas, o con las costumbres de la actualidad. ¿Acaso las personas entraban a una casa a la hora de comer sin ser invitadas?

En la Palestina del primer siglo, muchas veces las comidas eran casi públicas. Los espectadores podían agolparse alrededor, mientras los invitados cenaban. No era inusual que una persona llegara a un banquete sin ser invitada.

De la pintura de la última cena del famoso Leonardo DaVinci, tenemos la impresión de que Jesús y sus discípulos se sentaban sobre banquetas con sus piernas bajo la mesa, como lo hacemos hoy. Pero eso no era así. Los invitados, apoyados en reclinatorios, se acomodaban como los rayos de una rueda alrededor de la mesa. Se apoyaban sobre su lado izquierdo y tomaban el alimento con su mano derecha, la parte superior de su cuerpo daba hacia la mesa, y sus pies se extendían a sus espaldas. Estos se habían sacado las sandalias en la puerta. Por esto fue bastante fácil para esta mujer entrar a la casa, pararse detrás de Jesús y, al llorar, dejar caer sus lágrimas sobre sus pies extendidos a sus espaldas.

Lucas nos dice que ella era una mujer que había llevado una vida pecaminosa. Las palabras usadas para describirla a veces se traducen como "prostituta" en otra parte del Nuevo Testamento. Si en la realidad no era una prostituta, puede haber sido una mujer abandonada. Un comentador sugiere que podría haber pasado una vida de transgresiones. Sin importar qué hubiera hecho para merecer tan peculiar etiqueta, se la conocía en la comunidad como una mujer pecadora. Lo que sorprendía era que semejante mujer se hiciera presente en la casa de Simón, un fariseo, ante una gran concurrencia.

Los fariseos tenían la reputación de evitar cualquier cosa o cualquier persona que pudiera contaminarlos. En sí, la palabra *fariseo* significa "separación". Durante el período de cuatrocientos años, entre el final del Antiguo Testamento y el comienzo del Nuevo Testamento, un grupo de hombres formaron una orden, llamada fariseos, con el compromiso de evitar que las personas judías se entremezclaran con las personas idólatras de su entorno.

En el proceso, se contentaban con una religión que se centrara en lo externo, como los rituales de la limpieza y las ofrendas puntuales. Naturalmente, una mujer pecadora no era bienvenida en su presencia. Era inaudito que un pecador se aventurara a entrar en la casa de un fariseo. ¿Qué le dio a esta mujer la valentía de aparecerse en la casa de Simón aquel día?

Ella se atrevió a ir a esa casa solo por una razón, porque había escuchado que Jesús estaba allí. Más tarde, Jesús le dijo a Simón que era cierto lo que se murmuraba, que la mujer había recibido perdón por sus muchos pecados. Posiblemente, había escuchado las enseñanzas o prédicas de Jesús, y tenía la conciencia atormentada por su vida pecaminosa. Ahora que sabía donde volver a encontrarlo, se había atrevido a ir.

Puede que haya pasado por la puerta con algunas dudas, pero una vez que divisó en qué lugar de la mesa estaba reclinado Jesús, pasó rápidamente detrás de los otros invitados hasta el lugar donde se encontraba. Estaba cegada por sus lágrimas, mientras se postraba a los pies del Maestro. Este era aquel que le había hablado del perdón de Dios. Este era el que le había dado todo lo que ella necesitaba para empezar su vida de nuevo. Doblegada por su gratitud, puede que no haya podido contener sus lágrimas, que se derramaban sobre los pies del Maestro. Luego, se soltó el cabello y comenzó a secarlos.

El acto de soltarse el cabello parece irrelevante para nosotras hoy; pero las mujeres judías del primer siglo nunca se dejaban ver con el cabello suelto por personas ajenas a su familia. Sin embargo, abstraída de la opinión pública, esta mujer hizo lo impensable: se soltó el cabello y lo usó como una toalla para secar los pies de Jesús.

En su cuello, tenía un cordón del que colgaba un frasco de alabastro con perfume. Estos frascos formaban parte del atavío de una mujer judía a tal extremo, que ni siquiera se les prohibía llevarlo en el día de reposo. Para usar el perfume, la portadora desprendía el largo y delgado cuello del frasco y derramaba su contenido. Mientras esta mujer secaba los pies de Jesús bañados con sus lágrimas, tomó su frasco, desprendió el cuello y lentamente ungió aquellos pies con el perfume. De repente, la habitación se llenó con la exquisita fragancia. Si los demás no le habían prestado atención a la mujer hasta ese momento, ya no podían seguir ignorando sus actos.

Amor. Amor agradecido. Inconsciente de las miradas, los silbidos y los comentarios escabrosos, esta mujer derramó su amor con aquel perfume. Ella prodigó su amor en Aquel que la había hecho libre para comenzar su vida otra vez.

> Cuando vio esto el fariseo que le había convidado, dijo para sí: Este, si fuera profeta, conocería quién y qué clase de mujer es la que le toca, que es pecadora.
>
> Entonces respondiendo Jesús, le dijo: Simón, una cosa tengo que decirte. Y él le dijo: Di, Maestro (Lc. 7:39-40).

Puesto que Jesús no se había retirado de esta mujer ni le había ordenado que se marchara, Simón deducía que el Maestro no conocía la peculiaridad de ella. Los judíos creían que la capacidad de discernir los espíritus era una señal importante del Mesías, el gran profeta. Cuando Jesús permitió que la mujer lo tocara, para Simón esto era como una evidencia de que Jesús no podía ser el Mesías. Por otro lado, si Jesús no sabía qué clase de mujer era ella, esto demostraba que no era un profeta. Y si Él sabía qué clase de mujer era ella y aún así permitía que lo tocara, esto demostraba que no era santo. Simón estaba seguro de que el Mesías nunca decidiría, deliberadamente, permitir que una mujer pecadora lo hiciera inmundo según el rito. De un modo o de otro, era evidente que Jesús no podía ser el Cristo, el Hijo de Dios.

¿Captó Simón la ironía de aquel momento? "Éste, si fuera profeta, conocería". Inmediatamente, Jesús debatió sobre el pensamiento de Simón y respondió: "Simón, una cosa tengo que decirte". La respuesta de Simón fue cortés, pero distante: "Di, Maestro".

Lo que sigue a continuación fue una de las maravillosas pequeñas historias de Jesús, que llamamos parábolas:

Un acreedor tenía dos deudores: el uno le debía quinientos denarios, y el otro cincuenta; y no teniendo ellos con qué pagar, perdonó a ambos. Di, pues, ¿cuál de ellos le amará más? (Lc. 7:41-42).

Era como si Jesús le dijera a Simón: "Es verdad que un deudor debía diez veces más que el otro, pero ambos eran deudores. No lo olvides, Simón. Puede que mires con menosprecio a esta mujer, porque ella tiene una reputación de pecadora. ¡Tú seguramente no piensas que eres pecador!". Desde luego, Simón hubiera respondido que él también era pecador, pero no como aquella mujer.

Un tiempo más tarde en su ministerio, Jesús contó otra historia de un fariseo y un recolector de impuestos que iban al templo a orar. El fariseo se ponía de pie y oraba: "...Dios, te doy gracias porque no soy como los otros hombres, ladrones, injustos, adúlteros, ni aun como este publicano; ayuno dos veces a la semana, doy diezmos de todo lo que gano" (Lc. 18:11-12). Este fariseo no sentía que le debiera algo a Dios. Puede que, si se lo cuestionaba, reconociera que tenía una pequeña "deuda de cinco denarios" con Dios. Pero ¿que lo colocaran en la misma categoría de deudor del recolector de impuestos o de la mujer pecadora? Nunca.

Después de contarle la historia a Simón, Jesús le preguntó: "Di, pues, ¿cuál de ellos [los dos deudores] le amará más?". A regañadientes, Simón respondió: "Pienso que aquel a quien perdonó más". Y Jesús le dijo: "Rectamente has juzgado".

Ambos deudores no tenían nada con qué pagar su deuda. Sin embargo, ambos fueron perdonados por gracia. Simón necesitaba entender que, aunque esta mujer había sido una pecadora de mala fama, había sido perdonada. Su tributo de amor demostraba su gratitud por el perdón de Dios.

Después miró a la mujer y le preguntó a Simón:

...¿Ves esta mujer? Entré en tu casa, y no me diste agua para mis pies; mas ésta ha regado mis pies con lágrimas, y los ha enjugado con sus cabellos. No me diste beso; mas ésta, desde que entré, no ha cesado de besar mis pies. No ungiste mi cabeza con aceite; mas ésta ha ungido con perfume mis pies (Lc. 7:44-46).

"¿Ves esta mujer, Simón?". Simón pensó que Jesús no veía qué clase de mujer era ella. Jesús sabía que era Simón el que estaba ciego. Él no podía verla como una mujer perdonada, solo la podía ver como la mujer que había sido. Por eso, Jesús la compara con su anfitrión: "Simón, déjame ayudarte a verla".

Jesús comenzó diciendo: "no me diste agua para mis pies; mas ésta ha regado mis pies con lágrimas, y los ha enjugado con sus cabellos". Simón se mordía los labios. Era verdad que él había ignorado deliberadamente los rituales de la costumbre de la hospitalidad para con su invitado.

Jesús no se había quejado de la fría bienvenida de Simón. Pero lo había notado. Ahora, lo vinculaba a la falta de gratitud por el perdón de Dios. "Simón, ¿no me acabas de decir que la persona a la que se le ha perdonado una enorme deuda sentirá gran amor por quien la perdonó? Esta mujer tenía una gran deuda. Pero fue perdonada. Ahora, ¡mira su gratitud! ¡Mira su amor! ¿Qué dice tu manera de tratarme respecto a tu gratitud?"

Simón, "no me diste beso; mas ésta, desde que entré, no ha cesado de besar mis pies". El anfitrión normalmente saludaba a cada invitado con un beso en la mejilla. Esta mujer compensó la frialdad deliberada de Simón para con su invitado y, mediante una señal poco convencional de profunda reverencia por un maestro respetado, le besó los pies.

Simón, "no ungiste mi cabeza con aceite; mas ésta ha ungido con perfume mis pies". Una vez más, Simón había ignorado su obligación como anfitrión al no ungir a su invitado con aceite. Una vez más, una mujer perdonada y agradecida hizo lo que el calculador fariseo había decidido no hacer.

Al derramar el perfume sobre los pies de Jesús, esta mujer ejecutó un ritual muchas veces ejecutado por los hombres. Los profetas ungían a los reyes. Los anfitriones ungían a los invitados para refrescarlos. Los discípulos ungían a los enfermos con aceite como una cura. Las mujeres ungían solo cuerpos muertos para el entierro. Esta mujer perdonada ungió a Jesús, no su cabeza como Simón debería haber hecho; sino sus pies, la parte del cuerpo asignada a los esclavos.

Las últimas palabras de Jesús a Simón, antes de dirigirse a la mujer, fueron: "aquel a quien se le perdona poco, poco ama". "Simón, ¿entiendes? Tú piensas que ves muy bien, sin embargo no ves claramente. Eres religioso —un fariseo— y te apartas de esta mujer pecadora. Agradeces a Dios que no eres como ella. Apenas puedes imaginarte entrar al cielo al lado de alguien como ella. Pero ella ha experimentado perdón. Tú no has comenzado a entender el perdón, porque no has comenzado a entender tu necesidad. Sé que has sido perdonado poco, porque muestras muy poco amor".

Jesús miró a la mujer y dijo: "...Tus pecados han sido perdonados" (BLA). El tiempo verbal en el griego deja en claro que su perdón no era el resultado de su amor. Era al revés. Ella ya había sido perdonada. Allí, frente a Simón y otros invitados en aquel comedor, Jesús públicamente le declaró a ella que era una mujer perdonada. Sin importar lo que había sido en el pasado.

Ese perdón llegó a ser el trampolín de su pródigo amor. Lo mismo sucede con nosotras hoy día. "Nosotros le amamos a él [Dios], porque él nos amó primero" (1 Jn. 4:19). Dios comienza el proceso al amarnos incondicionalmente y perdonarnos a través del sacrificio de Jesús por nuestros pecados. Cuanto más lleguemos a entender ese perdón, más amaremos. El perdón es la causa. El amor es el efecto. El perdón es la razón, y el amor es el resultado. El perdón es la raíz, y el amor es el fruto.

¿Era posible que Simón entendiera qué hizo la mujer pecadora aquel día en la mesa de la cena? ¿Consideró él su propia falta de amor? Nosotras amamos en proporción a nuestro reconocimiento del perdón que hemos recibido. Si no tenemos sentido de la deuda para con Cristo, amaremos poco.

UNA MUJER PECADORA

Las últimas palabras de Jesús a la mujer fueron: "Tu fe te ha salvado, vete en paz". No fue su amor lo que la salvó. Fue su fe. Debido a que Dios la aceptaba, ella pudo ir en paz. Probablemente, nunca sería aceptada por Simón y sus invitados. Otros en la ciudad podrían seguir menospreciándola. Pero no sabían nada de la gracia de Dios. Ella podía ir en paz, porque su futuro era seguro. Le pertenecía al Señor.

En el relato de Lucas, nuestra mujer anónima además estaba en silencio. De hecho, el escritor nos da a conocer una conversación casi exclusiva entre Simón y Jesús acerca de esta mujer. Solo al final, Jesús le habló directamente a ella. Y no se registró nada que ella pudiera haber dicho en respuesta. Sin embargo, sus obras hablaban más elocuentemente que mil palabras.

El objeto del debate no es si podemos encontrar bellas palabras para expresar nuestro agradecimiento, sino si sentimos la gratitud que nos impulse a encontrar una manera de expresarlo. ¿Entendemos, para usar palabras de David, que Dios nos ha sacado del pozo de la desesperación, del lodo cenagoso, y puso nuestros pies sobre peña, y enderezó nuestros pasos? (ver Sal. 40:2). ¿O nos sentimos más parecidas a Simón, bastante seguras de que Dios debe estar feliz con personas tan buenas como nosotras, que están enlistadas en su causa? Como Jesús le dijo a Simón: "Al que se le perdona poco, poco ama".

Cuando vemos nuestro pecado y vemos la gracia de Dios en nuestra vida, encontramos una manera de decir gracias. Puede que sea elocuentemente expresado con palabras. O puede que incluso sea más elocuentemente expresado sin palabras al darle lo mejor que tenemos a Aquel que nos ha salvado.

Preguntas para la reflexión personal o el debate grupal:

1. ¿Qué estaba mal con la actitud de Simón hacia la mujer pecadora?
2. ¿Qué estaba mal con el concepto que Simón tenía de la justicia?

3. ¿Qué piensas que Jesús quería que Simón aprendiera de la parábola de los dos deudores?

4. ¿Qué crees que hace falta para ser perdonada por Dios?

10

LA MUJER ENCONTRADA EN ADULTERIO

CÓMO RESPONDER AL DIOS DE LA SEGUNDA OPORTUNIDAD

Un día, cuando sonó el teléfono de mi oficina, me sorprendí de escuchar la voz de una querida amiga, que vivía a miles de kilómetros de distancia: "Alice, estoy muy avergonzada y apenada. No sé qué hacer. Hice el ridículo con un hombre de nuestra iglesia. Yo, una mujer casada, me enamoré de un hombre que trabaja conmigo en evangelismo. Parece como si todos en la ciudad supieran qué tonta he sido. Esto ha arruinado mi testimonio en la iglesia y ha mortificado a mi esposo. ¿Qué debo hacer? ¿Hay alguna manera de levantar de nuevo mi cabeza? ¿Puede Dios perdonarme y darme otra oportunidad?".

Yo sostenía el teléfono en mi mano y, en ese largo momento entre que ella hablaba y yo respondía, me preguntaba qué debería responderle. No era una pregunta académica referida al perdón. Se refería a hechos de la vida real. Cuando hemos arruinado todo o hemos malgastado nuestras oportunidades, ¿podemos empezar de nuevo?

Mientras sostenía el teléfono, pensé en otra mujer que había arruinado su vida. Y eso casi la lleva a la muerte. Hasta que Jesús intervino.

* * *

Jesús iba rumbo a la crucifixión en la cruz romana. Sin importar lo que hiciera, los líderes religiosos judíos se habían propuesto prenderlo a cualquier costo. El comité para la captura de Jesús estaba trabajando a pleno. Si echamos una mirada a Juan 7:1, vemos que "Después de estas cosas, andaba Jesús en Galilea; pues no quería andar en Judea, porque los judíos procuraban matarle".

Era otoño, el tiempo de la fiesta anual de los tabernáculos, una de las tres principales festividades judías. Sus hermanos lo incitaban para que fuera con ellos a Jerusalén para la fiesta, pero Jesús se negó a ir. Sin embargo, después que ellos partieron para Judea, comenzó secretamente el viaje a la ciudad capital para la fiesta.

En medio del jolgorio, parecía que todos murmuraban acerca del mismo tema: Jesús. ¿Quién era? Algunos decían que era un buen hombre. Otros pensaban que era un engañador. Peregrinos, pobladores y sacerdotes por igual preguntaban: "¿Quién es este hombre?". El capítulo siete de Juan comenta las murmuraciones, acusaciones y conjeturas acerca de Él.

Una y otra vez, Jesús lograba evadir a los airados líderes religiosos. Cuando se levanta el telón del capítulo 8, Jesús estaba una vez más enseñando en el patio del templo. Aquellos que más lo odiaban estaban haciendo otro intento de atraparlo. Habían fallado varias veces, pero esta vez parecía que tenían a Jesús justo donde ellos querían que estuviera: entre la espada y la pared. Sigue la historia en Juan 8, comenzando con el versículo 2:

> Y por la mañana [Jesús] volvió al templo, y todo el pueblo vino a él; y sentado él, les enseñaba.
>
> Entonces los escribas y los fariseos le trajeron una mujer sorprendida en adulterio; y poniéndola en medio, le dijeron: Maestro, esta mujer ha sido sorprendida en el acto mismo de adulterio. Y en la ley nos mandó Moisés apedrear a tales mujeres. Tú, pues, ¿qué dices?
>
> Mas esto decían tentándole, para poder acusarle…

Este comité para la captura de Jesús había recordado la antigua ley de Moisés, en la cual cualquiera atrapado en el acto mismo de adulterio debía morir. Al parecer, hacía varias generaciones que no se implementaba aquella ley. Pero los maestros de la ley y los fariseos vieron en ella la posibilidad de atrapar al exasperante rabino de Nazaret.

Para atraparlo necesitaban encontrar a alguien en el mismo acto de adulterio. En la atmósfera de carnaval de la festividad, aquello no sería difícil. Las calles de la ciudad estaban repletas de cientos de minúsculos puestos, frágiles refugios de ramas y follajes, construidos para que duren solo los ocho días de la fiesta. Solo tenían que recorrer alguna de esas calles y escuchar los sonidos acusadores de aquellos que tenían relaciones sexuales. Las personas casadas eran más propensas a hacer el amor en la privacidad de su hogar. Por lo tanto, encontrar a un culpable sería fácil.

Rápidamente acorralaron a una mujer atrapada en el mismo acto. Te podrías preguntar por qué llevaron solo a la mujer ¿Dónde estaba el hombre? La ley estipulaba que ambos debían ser apedreados hasta la muerte.

El contexto deja en claro que estos líderes religiosos no hicieron esto porque odiaban el adulterio. Ni lo hicieron porque amaban la santidad y querían defender la ley. Sencillamente, odiaban a Jesús. Con una persona culpable era más que suficiente. No necesitaban también al hombre.

¿Cuál fue la trampa del versículo 6 que estos líderes colocaron para Jesús? Si Jesús decía que la mujer debía ser apedreada, sucederían dos cosas. Primero, podrían denunciarlo a los romanos como alguien que usurpaba las prerrogativas del gobierno romano: el derecho a matar a los delictivos. Segundo, perdería el amor y la devoción de una gran masa de personas comunes, que sabían que su enseñanza incluía la necesidad de mostrar misericordia.

Por otro lado, si Jesús respondía que ella no debía ser apedreada, podrían decir que Él enseñaba faltar a la ley de Moisés. Entonces, podría ser acusado ante el sanedrín como un falso Mesías. Todos sabían que el Mesías debía mantener o restaurar la soberanía de la ley.

Este era el dilema que ellos habían colocado ante Jesús aquel día en el templo: infringir los derechos del gobierno romano o negar la autoridad de la ley mosaica. En su astucia, pensaban que cualquiera fuera su movimiento, lo tendrían en jaque mate.

Allí, en la sombra del magnífico templo de Herodes, comienza a desarrollarse el drama. Sentado, tal vez en el patio de las mujeres, Jesús enseñaba al gentío. De repente, el sonido de su voz fue acallado por el sonido de los pasos y las voces de enojo que provenían de las puertas de bronce macizas del patio de los gentiles. Los hombres que se acercaban entraron a empujones al patio arrastrando a alguien. La multitud se abrió paso para que los hombres airados pudieran lanzar a una mujer hacia delante. Las personas que habían estado escuchando atentamente al Maestro ahora se preguntaban con nerviosismo qué pasaría a continuación. Sabían por las túnicas y las kipás, que los intrusos eran fariseos y maestros de la ley. Y mientras algunos miraban fijamente a la mujer con curiosidad, otros apartaban la mirada para evitar su vergüenza al estar allí parada, desaliñada y humillada.

Entonces los líderes religiosos dijeron: "Maestro, esta mujer ha sido sorprendida en el acto mismo de adulterio. Y en la ley nos mandó Moisés apedrear a tales mujeres. Tú, pues, ¿qué dices?". Jesús no se inmiscuyó con ellos en un debate. Más bien se inclinó y empezó a escribir con su dedo en la tierra.

Nadie se movía. La mujer aterrorizada lo miraba a la cara. ¿Qué diría el Maestro? ¿La condenaría a la muerte? La tensión crecía, mientras Él no decía nada. Algunos fariseos se miraban unos a los otros con un destello de victoria en sus ojos. ¡Esta vez lo habían atrapado! Él sabría que lo habían vencido.

Sin embargo, en vez de hablar, se hincó en el suelo. ¿Qué significaba eso? Ellos repitieron la pregunta: "¿Qué dices?". Con su dedo, Jesús escribía letras arameas en la arena. Entonces se acercaron a leer lo que Él había escrito. Por el momento, la mujer, que todavía temblaba, se dio vuelta levemente para mirar el movimiento de los dedos, mientras los maestros de la ley lo presionaban por una respuesta. Para entonces, Jesús se puso de pie e hizo un comentario: "El que de vosotros esté sin pecado sea el primero en arrojar la piedra contra ella". Y con aquello se hincó de nuevo y siguió escribiendo en la arena sobre el suelo del patio del templo.

Lo que Él escribió no está registrado. Sin embargo, la palabra que Juan usa nos da una pista. La palabra normal en griego para "escribir" es *graphein*, pero la palabra que aquí se utilizó es *katagraphein*. Esa palabra puede significar "escribir una prueba contra alguien". Podría ser que Jesús estuviera confrontando la ley de los fariseos con una prueba de sus propios pecados.

"¡Está bien! ¡Apedréenla! ¡Pero que el hombre que no tiene pecado tire la primera piedra! Ustedes quieren apalear la carne. Insisten en guardar la ley escrupulosamente. Hagan lo que creen que deben hacer. Pero solo si son irreprensibles".

La palabra para "libre de pecado" también puede significar "sin un deseo pecaminoso". Jesús estaba subiendo el listón. Estos líderes religiosos legalistas pensaban que tenían que saltar solo hasta cierta altura. Jesús dijo: "No, tienen que saltar así de alto. No solo importa lo que hacen. También importa lo que piensan y desean. Sí, podrían apedrearla, pero solo si nunca quisieron hacer lo mismo". Si iban a ser legalistas, tendrían que aplicar la misma ley a su propio corazón.

Jesús llevó la pregunta del campo legal —la ley de Moisés— donde los fariseos lo habían colocado, al terreno moral de sus propios deseos pecaminosos. Ellos operaban sobre la base de la justicia. Jesús operaba sobre la base de la gracia.

En Deuteronomio 17:6-7, Moisés explicó el procedimiento para apedrear a alguien hasta morir. Allí leemos:

> Por dicho de dos o de tres testigos morirá el que hubiere de morir; no morirá por el dicho de un solo testigo.
>
> La mano de los testigos caerá primero sobre él para matarlo, y después la mano de todo el pueblo; así quitarás el mal de en medio de ti.

La pena de muerte se llevaba a cabo mediante uno de los testigos, quien arrojaba al acusado desde un cadalso, después de lo cual el otro testigo arrojaba la primera piedra o hacía rodar una piedra grande que aplastaba al acusado hasta hacerlo morir. Al hacer esto, los testigos sentían la responsabilidad que tenían al prestar testimonio. Todo acusador de una ofensa capital tenía que servir como verdugo. Jesús dijo básicamente: "Ustedes profesan honrar la ley de Moisés. Les recuerdo que esta misma ley exige que los testigos sean los verdugos. ¿Tienen una clara conciencia de lo que dice el séptimo mandamiento?".

Jesús conocía el corazón de sus oponentes. Él no decía que la mujer no fuera pecadora. Ni decía que su pecado debía pasarse por alto. Ella había pecado en contra de su esposo y en contra de la ley de Dios. Pero en la presencia de sus acusadores, Él no mencionó su pecado. Solo se refirió a los de ellos. Les recordó a sus acusadores que no tenían derecho de hacer un cargo contra ella. El comportamiento impúdico de ellos era notorio. Y sus motivaciones y su vida estaban lejos de ser puras.

En aquel momento, Jesús defendió a la mujer durante casi todo el incidente. Solo en una ocasión, estableció una norma para la fidelidad en el matrimonio, que se aplicaba tanto a hombres como mujeres.

El versículo 9 revela que los escribas y fariseos estaban realmente tras Él. No era para vindicar la pureza de la ley de Dios. Solo querían prender a Jesús. Si los fariseos hubieran sido sinceros en su indignación acerca de esta mujer y su pecado, la hubieran llevado al juez oficialmente constituido. Pero ellos no estaban en contra del adulterio de esta mujer. Estaban en contra de Jesús. Al ver que su plan había fallado, hicieron uso del único recurso que les quedaba. Se retiraron. Al hacer eso, silenciosamente admitieron el verdadero motivo que los había llevado al patio del templo aquel día.

Lo que decidió el asunto no era que la mujer no había pecado. Ella había pecado. Lo que Jesús quería demostrar era que la motivación de los testigos era deshonesta. Aquellos que debían tirar la primera piedra estaban calificados técnicamente para hacerlo, pero no estaban calificados moralmente. Cuando Jesús los hizo caer en la trampa que ellos habían preparado para Él, la conciencia empezó a actuar. Estos hombres eran perversos e indolentes. Sin embargo, sintieron algo en su interior que no podían ignorar. Se suponía que debían ser ejemplos morales de los demás, pero conocían su propio corazón. Por eso, mansamente, uno a uno, se marcharon.

El rostro de la mujer debe de haber expresado un gran asombro cuando Jesús le preguntó directamente:

> Mujer, ¿dónde están los que te acusaban? ¿Ninguno te condenó?
> Ella dijo: Ninguno, Señor. Entonces Jesús le dijo: Ni yo te condeno; vete, y no peques más (Jn. 8:10-11).

¿Era posible que sus acusadores se hubieran marchado? ¿Podía ser que su tormento hubiera acabado? ¿Había ella escuchado a su Maestro correctamente? ¿Estaba diciendo realmente que no la condenaba? ¿Era ella libre, realmente libre, para regresar y empezar su vida de nuevo?

Algunas personas, al leer este relato, han concluido que Jesús fue blando para con el adulterio. Otros lo han acusado de hacerle una desviación a la ley. Ninguna de las dos cosas es verdad. Sabemos, por lo que dice Deuteronomio 17, que nadie podía ser acusado o condenado excepto por el testimonio de dos testigos. Nadie la pudo acusar. Sin acusadores, la ley no podía decir nada.

Jesús no excusó su adulterio ni la condenó a ella. Le dio otra oportunidad. No trató a la mujer como si su pecado no importara. Lejos de eso. No le dijo: "Tus pecados te son perdonados". Ella no se había arrepentido, ni había pedido perdón. Al decir: "Ni yo te condeno; vete, y no peques más", le dio la oportunidad de arrepentirse y creer.

Lo que había hecho tenía importancia. El quebrantamiento de las leyes y el quebrantamiento de los corazones siempre tienen importancia. Pero Jesús sabía que cada uno tiene un futuro así como un pasado. Y le ofreció a esta mujer una segunda oportunidad.

Jesús no le dijo: "Está bien. Sigue haciendo lo que estabas haciendo". No. Él dijo: "¡Deja de hacer lo que has estado haciendo! ¡Vete y no peques más!". Le indicó una dirección que puede que ella jamás hubiera imaginado como una posibilidad.

Muchas veces seguimos haciendo cosas con las que no nos sentimos bien, porque no sabemos que tenemos otra alternativa. Dios nos dice: "Tienes otra alternativa". Aquel día, Jesús le dio una opción. Ella tendría que decidir si regresar a su antigua vida o caminar hacia una nueva vida de pureza bajo la ley de Dios.

El significado de la palabra *arrepentimiento* es "darle la espalda al pecado". Significa cambiar nuestra manera de pensar a fin de cambiar nuestra vida. El arrepentimiento no es solo sentir pesar, o decir que lo lamentamos, o que queremos o esperamos no volver a hacer algo malo. La vida de arrepentimiento es acción. Hasta que no le demos la espalda a lo que está mal, no nos habremos arrepentido.

Después de hablarle a la mujer, Jesús se dirigió a la multitud y le dijo: "Yo soy la luz del mundo; el que me sigue, no andará en tinieblas, sino que tendrá la luz de la vida". ¿Escuchó la mujer sus palabras? Él la llamó de la oscuridad a la luz. Expuso el pecado en los líderes religiosos. No pasó por alto el pecado pasado de esta mujer. La llamó a caminar en la luz.

La historia de esta mujer no termina en el relato bíblico de Juan 8. Jesucristo le dio una segunda oportunidad en el patio del templo hace dos mil años. La Biblia no nos dice qué hizo ella con esa oportunidad.

Una pregunta más importante es qué hacemos con la segunda oportunidad, la tercera oportunidad, la décima oportunidad, la centésima oportunidad que Dios nos da para que confiemos en Él, le obedezcamos y le sirvamos. La historia de nuestra vida no se terminó. Podríamos mirar al pasado, a una aflicción secreta o a un pecado vergonzoso, y pensar que no hay una segunda oportunidad. Pero no es así. Dios se acerca a nosotras con una segunda oportunidad.

Sí, si hemos escuchado más tiempo a los "maestros de la ley y los fariseos" contemporáneos que a Jesucristo, puede que nos resulte más difícil creer en la segunda oportunidad.

Todos conocemos personas religiosas que viven por la ley, que nos critican y nos condenan. Puede que hasta nos vigilen, a la espera de encontrar cualquier error, y ante cualquier paso en falso que demos, nos caigan encima con un castigo brutal. Estas personas usan la autoridad para destruir a los demás, no para redimirlos, sanarlos o curarlos. La realidad es que están ciegos al hecho de que si no fuera por la gracia de Dios, ellos podrían estar en el lugar de las personas a las que condenan.

Si has estado rodeada de personas así, podrías pensar que Dios no da segundas o terceras oportunidades a los que pecan. Jesús tiene una palabra diferente para ti: "Ni yo te condeno; vete, y no peques más".

Eso es lo que importa. No qué haya pasado, sino qué está por delante. Cada día, Dios nos da otra oportunidad, una nueva oportunidad de obedecerle, servirle, amarlo, cumplir su voluntad en nuestra vida.

Yo sostenía el teléfono en mi mano y pensaba que la mujer del relato bíblico había manejado mal su vida igual que mi amiga. ¿Qué había aprendido de lo que Jesús hizo que pudiera responder las preguntas de mi amiga? Cuando has arruinado tu vida, ¿puedes empezar de nuevo? Después de un largo momento, hablé: "Puedo asegurarte que hay perdón total y completo del Cristo de la segunda oportunidad. ¿Puedes empezar de nuevo? La respuesta de Dios es: 'Sí, sí, mil veces sí'".

Preguntas para la reflexión personal o el debate grupal:

1. ¿Qué crees que piensa y siente Dios cuando ve que te has arruinado la vida?
2. ¿Piensas que es más difícil que Dios perdone algunos pecados que otros? Si es así, ¿cuáles son algunos ejemplos de esos "grandes pecados"?

3. ¿Qué sientes al pensar que Dios les da una segunda oportunidad a quienes cometieron un pecado grave?
4. ¿Qué piensas que significa la "gracia"?

11

MARÍA DE BETANIA

CÓMO HACER DE JESÚS TU PRIORIDAD

En *Beloved* [Amada], la novela de Toni Morrison galardonada con el premio Pulitzer, que trata acerca de las mujeres esclavas negras de la época de la Guerra de Secesión, la abuela Baby Suggs decidió celebrar la huida de la esclavitud de su nuera. Entonces, invitó a amigos y vecinos a una cena. Finalmente asistieron noventa personas y festejaron con pavo, pescado y pasteles de frambuesa recién horneados hasta altas horas de la noche. Mientras la casa se descostillaba de la risa, alguien preguntó: "¿Dónde consigue todo Baby Suggs? ¿Por qué ella y todo lo que se refiere a ella es el centro de las cosas? ¿Cómo hace para saber exactamente qué hacer y cuándo?".

Cuando los invitados se hicieron estas preguntas unos a otros, se enfurecieron. A la mañana siguiente, tuvieron que tomar bicarbonato de sodio para calmar la indigestión causada por la abundancia de comida, la pródiga generosidad manifestada en la casa n.º 124. De un jardín a otro, murmuraban acerca de la sobreabundancia, la fatalidad y el orgullo fuera de lugar. Se sentía un fuerte olor a desaprobación en el aire.

Mientras Baby Suggs arrancaba las malezas de su jardín, trataba de entender qué estaba sucediendo. "Posteriormente se enteró de que sus amigos y vecinos estaban enojados con ella, porque se había excedido al ofrecer demasiada comida y los había ofendido con dicho exceso".

En los años siguientes, ella, su nuera y sus nietos tuvieron que enfrentar una tragedia tras otra sin el apoyo de sus amigos y vecinos.

El rechazo que experimentó Baby Suggs por su generosidad me recuerda a otra mujer que dio lo mejor que tenía en una acción de prodigalidad. A ella también la malinterpretaron y la condenaron. La mujer es María, la hermana menor de Marta y de Lázaro. Juan nos cuenta su historia de esta manera:

> Seis días antes de la pascua, vino Jesús a Betania, donde estaba Lázaro, el que había estado muerto, y a quien había resucitado de los muertos.
>
> Y le hicieron allí una cena; Marta servía, y Lázaro era uno de los que estaban sentados a la mesa con él.
>
> Entonces María tomó una libra de perfume de nardo puro, de mucho precio, y ungió los pies de Jesús, y los enjugó con sus cabellos; y la casa se llenó del olor del perfume (12:1-3).

De ninguna otra persona en los Evangelios se ha escrito que "...dondequiera que se predique este evangelio, en todo el mundo, también se contará lo que ésta ha hecho, para memoria de ella" (Mr. 14:9). ¿Qué fue tan memorable en la acción de María para que Jesús hiciera semejante comentario? Su historia amerita un estudio más detenido.

Amigos de Jesús en Betania habían escuchado la noticia de que Él estaba de camino a Jerusalén para celebrar la Pascua. Simón, un leproso a quien muy probablemente Jesús había sanado, celebró un banquete para el Señor. Marta —otra buena amiga— servía, y Lázaro, su hermano, estaba a la mesa con Jesús y los otros invitados.

Cuando Simón decidió organizar una fiesta para honrar a Jesús, asumió un gran riesgo. En los versículos que preceden inmediatamente a la historia de María, Juan nos dice que, desde el momento que Jesús había resucitado a Lázaro, los principales sacerdotes y los fariseos "acordaron matarlo". La amenaza para su vida era tan real que:

...Jesús ya no andaba abiertamente entre los judíos, sino que se alejó de allí a la región contigua al desierto, a una ciudad llamada Efraín; y se quedó allí con sus discípulos... Y los principales sacerdotes y los fariseos habían dado orden de que si alguno supiese dónde estaba, lo manifestase, para que le prendiesen (Jn. 11:54, 57).

No solo Simón corría peligro al invitar a Jesús; sino que sumó al peligro a Lázaro por también incluirlo en la lista de invitados. Juan declaró que "...los principales sacerdotes acordaron dar muerte también a Lázaro, porque a causa de él muchos de los judíos se apartaban y creían en Jesús" (Jn. 12:10-11). La gratitud de Simón para con el Señor le dio el valor de hacer lo que podía ocasionarle graves problemas con los líderes religiosos.

El banquete estaba en curso. En medio de la fiesta, María tomó un frasco de alabastro de perfume de nardo, quebró el frasco y derramó su contenido, primero sobre la cabeza de Jesús y luego sobre sus pies.

Un día, mientras estaba en la fila de una caja registradora de una tienda de segunda mano, noté que había un frasco de 50 ml de perfume en un estante cercano. Sin nada mejor que hacer mientras esperaba mi turno, destapé el frasco y olí la fragancia. ¡Era fascinante! Nunca había escuchado acerca de los perfumes suizos, pero estaba a buen precio (¡$ 1.41!), así que lo agregué a mis otras compras. Durante aquel año, usé el perfume sin restricción hasta que se terminó.

Algunas amigas francesas, que planeaban un viaje a los Estados Unidos el año pasado, me escribieron y me preguntaron qué podían traernos. Les escribí rápidamente una carta pidiéndoles otro frasco de este exquisito pero desconocido perfume. Para mi deleite, me trajeron un frasco de regalo. Y para mi asombro, me enteré de que los 50 ml de perfume que había usado sin restricción costaban $ 75. De haber sabido su verdadero valor, lo hubiera usado con más mesura.

María no había comprado su frasco de alabastro de perfume de nardo en una tienda de segunda mano por $ 1.41. Ella sabía el valor de su regalo cuando quebró el cuello del frasco y comenzó a ungir a Jesús.

Medio litro de perfume de nardo. El nardo extraído de una planta cultivada en la India era el perfume más caro del mundo. Marcos resalta que el perfume de nardo era "puro"; no de nardo con otros agregados ni ninguna imitación. No era ninguna colonia o loción. No era ninguna imitación barata de nardo. No era como las imitaciones de los perfumes de hoy día; era el perfume auténtico, exquisito y sumamente costoso. Y tenía "medio litro": diez frascos de 50 ml de los que se venden en la actualidad. ¿Sabes qué hizo ella con él?

Al quebrar el delgado material del cuello de su frasco de alabastro, María sintió inmediatamente la deliciosa fragancia de nardo y sonrió de placer. Levantó el frasco y lo inclinó levemente para que el perfume rociara la cabeza de Jesús. Era una costumbre judía ungirse la cabeza los días de fiesta, y Jesús había ido para la fiesta de la Pascua.

Lo que María hizo fue generoso y podría haberse detenido allí. Pero no se detuvo. Juan nos dice que siguió derramando el aceite perfumado sobre los pies de Jesús como si fuera nada más que agua. Era tanto el perfume de nardo que caía por sus tobillos hasta los dedos de sus pies, que tuvo que soltarse el cabello y usarlo como toalla para secar el exceso.

María había estado sentada a los pies de Jesús (Lc. 10:38-42) y había conocido su consuelo y luego su milagro, cuando su hermano Lázaro había muerto (Jn. 11:28-44). Ahora, de su gratitud y amor, respondió a Jesús con lo mejor que podía darle. Ella ya le había dado su corazón. Ahora estaba derramando el regalo más costoso que podía ofrecerle a Aquel que había hecho mucho por ella.

La fragancia llenó la habitación. Ninguno de los presentes podía ignorar lo que ella había hecho. Puede que no haya escuchado los suspiros de sorpresa, pero no pudo dejar de escuchar la voz de Judas Iscariote en su conciencia con su tajante pregunta. "¿Por qué no fue este perfume vendido por trescientos denarios, y dado a los pobres?".

El aguijón de la crítica es un punzada que todas sentimos. Lo que parece una idea muy buena para nosotras, parece tonta, irreflexiva o egoísta para otra persona. La reacción nos toma por sorpresa cuando esto sucede. Evadimos las palabras tajantes. Esperamos que los demás inhalen la fragancia para que también se deleiten con esta. En cambio, nos atacan. Entonces, nos hacemos preguntas que no podemos responder fácilmente: ¿Por qué están frunciendo el ceño en vez de sonreír? ¿Porqué hay más críticas que elogios? ¿Qué instigó esta indignación en vez de aprobación?

Judas, con una limitada visión, espetó su crítica despreciativa acerca de esta mujer. No vio nada bueno en la acción de María. En el mejor de los casos, fue un derroche. En el peor de los casos, fue dañina, al pensar en los hambrientos que pudieron haberse alimentado y en los desprotegidos que pudieron haberse vestido.

Lo que Judas dijo era acertado. El perfume pudo haberse vendido para dar el dinero a los pobres. El frasco de alabastro que contenía perfume de nardo puro valía más que el salario de un año. (El Judas calculador sabía el valor exacto de su regalo). El salario de un año podía suplir las necesidades de una familia indigente por doce meses o más. El salario de un año podía financiar un comedor público y alimentar muchas personas. Un año de salario podía proveer refugio para los niños de la calle. ¿Había cometido María un grave error al derramar sus quinientos mililitros de nardo en un gesto pródigo de amor por Jesucristo? Ella debe de haberse preguntado si hubiera sido más sabio hacer lo que Judas sugería. ¡Pero ni siquiera se le había cruzado por la cabeza! ¿Puede ser que hubiera confundido el propósito de la vida y el ministerio de Jesús a tal grado, que se había perdido la oportunidad de ayudar al pobre? Se consumía de vergüenza mientras pensaba en la censura de Judas.

Aquel día, cuando María estaba parada allí, con el frasco vacío en sus manos, mirando fijamente a su acusador sumida en una agonía de dudas, escuchó otra voz que le respondió a Judas.

...Dejadla, ¿por qué la molestáis? Buena obra me ha hecho. Siempre tendréis a los pobres con vosotros, y cuando queráis les podréis hacer bien; pero a mí no siempre me tendréis. Esta ha hecho lo que podía; porque se ha anticipado a ungir mi cuerpo para la sepultura. De cierto os digo que dondequiera que se predique este evangelio, en todo el mundo, también se contará lo que ésta ha hecho, para memoria de ella (Mr. 14:6-9).

¿Cuál es el propósito de un perfume, si no es para perfumar la vida de alguien? ¿O acaso es simplemente un artículo de consumo para venderse a un comprador y luego al otro, siempre de mano en mano, a cambio de dinero, sin llegar a usarse nunca? ¿Qué le da su valor? Jesús le dijo a Judas que María había usado el perfume de la manera correcta: ella había ungido su cuerpo antes de su sepultura.

Judas había escuchado las predicciones de Jesús en cuanto a su inminente arresto y crucifixión. Puede que ya hubiera concluido que Jesús era un perdedor. Solo unos pocos días después, iría a los principales sacerdotes y traicionaría a su Maestro por treinta piezas de plata. Judas le asignó a Jesús el valor de un puñado de monedas de plata y se quejó de que María le asignara un valor superior a un año de salario.

¡Judas parecía muy sensato! Mediante sus críticas, se colocó del lado de los necesitados y oprimidos. Pero Jesús no se dejó engañar ante la preocupación de Judas por los pobres. "Si realmente estás preocupado por los pobres —le respondió—, siempre encontrarás oportunidades de ser liberal hacia ellos. Pero María está haciendo algo práctico también. En unos pocos días, cuando me crucifiquen, ella no tendrá oportunidad de ungir mi cuerpo muerto. Ella lo está haciendo ahora". El banquete de Simón fue la escena de la unción del funeral del Señor.

Cuando Jesús dijo que la acción de María era una "buena obra", ¿estaba siendo simplemente cortés? ¿Se merecía ella un elogio tan alto? En Belén, mil años antes, cuando Samuel inspeccionaba a cada uno de los hijos de Isaí para ver cuál debería ser ungido como el próximo rey de Israel, estaba seguro de que Eliab sería el que Dios elegiría. Pero el Señor le dijo a Samuel:

> ...No mires a su parecer, ni a lo grande de su estatura, porque yo lo desecho; porque Jehová no mira lo que mira el hombre; pues el hombre mira lo que está delante de sus ojos, pero Jehová mira el corazón (1 S. 16:7).

Cuando Jesús estaba reclinado a la mesa de Simón aquel día, miró más allá de las obras de María, miró su corazón. Él también había mirado más allá de las palabras de Judas, había mirado su corazón. La crítica de este fue desagradable porque provenía de una motivación desagradable. Las obras de María fueron hermosas porque provenían de su amor por Jesucristo. El valor o la falta de valor de cualquier regalo dependen de nuestra motivación. Lo que le damos a Jesucristo por motivos egoístas no llegarán a nada. Pero lo que le damos por amor nunca será olvidado.

Nada, absolutamente nada de lo que hacemos por amor y lealtad a Jesucristo deja de ser hermoso, no importa cuán tonto o derrochador pueda parecerles a los demás. Dios juzga nuestras obras por las motivaciones que las impulsan. La obra más pequeña hecha por la mujer más débil no será ignorada por Él. En el libro de Dios de los recuerdos eternos, ni una simple obra o acción, ni un vaso de agua fresca dada en su nombre se omitirá.

Lejos de ser derrochadora o dañina, María había hecho una buena obra. Había dado lo mejor que tenía. Jesús le dijo básicamente: "María, tu obra es tan buena, que nunca olvidaré ni permitiré que el mundo se olvide de ella. Trascenderás a través de los siglos a la par conmigo. Cada vez que se cuente mi historia, se contará la tuya".

Jesús les hizo un gran elogio a mujeres que fueron grandes dadoras. Cuando la viuda necesitada se acercó a las cajas de las ofrendas en el templo con solo dos pequeñas monedas de cobre, antes de morir de inanición y con una total entrega, dio todo lo que tenía a Dios. Él les hizo notar a los discípulos que estaban sentados cerca: "...De cierto os digo que esta viuda pobre echó más que todos los que han echado en el arca; porque todos han echado de lo que les sobra; pero ésta, de su pobreza echó todo lo que tenía, todo su sustento" (Mr. 12:43-44). No era una cuestión de cuánto había dado sino de cuán total había sido su entrega.

Cuando María derramó más de un año de salarios sobre la cabeza y los pies de Jesús en un gran gesto de amor, Él aprobó su regalo. Es interesante notar que el Señor nunca tuvo una palabra de elogio por los dadores prudentes y conservadores, pero mostró un gran entusiasmo por aquellos que daban con total entrega.

El cuadro de honor de las mujeres que dieron con total entrega ha continuado a través de los siglos. Amy Carmichael le dio la espalda a una vida segura y feliz en Inglaterra para rescatar a muchachas de los templos de prostitución en la India. Mary Slessor dejó Escocia para plantar iglesias y comenzó escuelas en las junglas de Nigeria donde ningún europeo se había atrevido a ir. Tres doctoras en medicina: Maybel Bruce, Mary Wilder y Ann Irish, renunciaron a la comodidad y seguridad de los Estados Unidos para comenzar un centro médico para mujeres musulmanas en la región más calurosa, seca y agotadora de Pakistán. Cada una de estas mujeres derramó el perfume de sus vidas en una ofrenda de total entrega a Jesucristo.

El regalo de María parecía extravagante y derrochador. Judas dijo que no era bueno. Pero Judas no tenía una balanza para pesar lo que Dios valora. Para él las cosas de más valor parecían insignificantes. Pero Jesús le dio un valor diferente a la ofrenda de esta mujer. Cuando ella derramó sobre Él su perfume con total entrega, faltaba poco para que Él derramara su vida con total entrega para ella.

Bob Jones, hijo, captó esta verdad al escribir:

> Un frasco quebrado de incalculable valor y rica fragancia
>   derramó
> al ungir tu cabeza en adoración.

Algo precioso hecho añicos; "Qué desperdicio", pensaron.

Pero la obra de amor de María tus bendiciones trajo.

Una figura quebrantada en la cruz y almas libres.

Tu agonía allí ha pagado el castigo,

el precio espantoso del pecado en tu carne desgarrada, tu
dolor y tu sangre:

El costo de la redención, el Cordero de Dios inmolado.

Aquellas que servimos al majestuoso Dios del cielo preguntamos: "¿Qué pagaré a Jehová por todos sus beneficios para conmigo?" (Sal. 116:12). Sabemos que una de sus bendiciones es permitirnos derramar lo mejor que tenemos en adoración a Él.

Preguntas para la reflexión personal o el debate grupal:
1. Piensa en una experiencia de tu vida en la cual le has dado a Jesucristo el regalo sacrificial de tu tiempo, de tu energía o de tu dinero. Describe ese hecho.
2. Al pensar en ese hecho, ¿cuál fue el resultado? ¿Malentendido? ¿Valoración? ¿Crítica? ¿Elogios?
3. Si tuvieras que repetirlo, ¿lo harías otra vez? Explica.
4. ¿Por qué piensas que nuestras motivaciones son tan importantes para Dios? ¿Por qué las obras, sin tener en cuenta nuestras motivaciones, no deberían ser suficientes?

12

MARÍA MAGDALENA

CÓMO ANDAR POR FE Y NO POR VISTA

En *Women's Ways of Knowing* [Maneras de saber de las mujeres], un importante estudio de la manera en que las mujeres piensan acerca de sí mismas y de la vida, Mary Belenke y quienes investigaron junto con ella identificaron cinco maneras en que las mujeres saben las cosas. Una de ellas se llama "conocimiento recibido". Todas tenemos un gran capital de conocimiento recibido, una pila de datos y opiniones que no ideamos nosotras mismas, sino que adoptamos. Nosotras "sabemos" cómo usar una máquina lavadora, cómo cultivar las plantas del hogar, dónde comprar los vegetales más frescos o dónde encontrar la mejor oferta de libros. Puede que también hayamos aprendido a nombrar algunas de las constelaciones y todos los libros de la Biblia. Nos hemos pasado la vida adquiriendo esta clase de conocimiento.

Sorprendentemente, muchas mujeres limitan lo que "saben" a lo que han recibido de otra persona. Esperan que una autoridad, fuera de ellas mismas, les dé instrucciones en cada ámbito de la vida. Un decorador de interiores les dice qué muebles comprar para la casa. Un estilista del peinado decide cómo deben peinarse. Un comprador personal les elige la ropa después que un analista de colores les ha mostrado un surtido de los colores de moda. Estas mujeres saben mucho y saben que saben mucho. Pero consideran como conocimiento "real", solo lo que viene de una fuente externa a ellas mismas.

A veces, estas mujeres enfrentan una crisis. Tal vez, una autoridad cae de la gracia o las decepciona. O dos autoridades iguales disienten. ¿A quién le deben creer? En ese momento, una mujer podría pensar de manera diferente acerca de ella misma y de su mundo.

Estos estudios sobre la manera de pensar de las mujeres me intrigan. En la mayoría de los casos, hace falta alguna clase de crisis, una confrontación, una decepción o un desastre para que una mujer pase de la confianza incuestionable en las autoridades humanas externas a una manera diferente de pensar y saber. La mujer tiene que crear el espacio para una nueva manera de aprender.

Raras veces pasamos de un nivel cómodo de aprender y saber a otro nivel, a menos que nos veamos forzadas de alguna manera u otra. Me beneficio más de los maestros que me hacen pensar, en vez de aquellos que me hacen repetir como un loro los libros de texto o mis apuntes de la clase.

No nos hacemos un favor cuando insistimos en permanecer en un nivel de aprendizaje cuando necesitamos pasar a otro nivel. A menudo no nos gustan las circunstancias que nos empujan a cambiar. Preferiríamos que nos dejen solas en nuestra cómoda tranquilidad. Pero este no es el camino al crecimiento.

Tampoco es el camino al verdadero discipulado. Para poder crecer como mujeres cristianas en nuestro conocimiento de Dios, tenemos que esperar circunstancias difíciles que nos confronten y decepcionen. Las experiencias difíciles de la vida nos hacen desarrollar músculos en nuestra alma.

El proceso de seguir a Jesús como una discípula es el proceso de crear el espacio para una nueva manera de ver la vida y vernos a nosotras mismas. En este libro, hemos visto que Jesús hizo que su madre, María, adoptara una manera diferente de ver su relación con su Hijo. Hemos visto que hizo que Marta adoptara una manera diferente de ver su servicio a Dios. Hemos visto cómo Jesús le dio a la mujer samaritana su primer trago de agua viva, mientras veía cómo se le caían las máscaras. Hemos visto a Jesús llevar a dos hermanas a una manera diferente de pensar acerca de la muerte.

Jesús era un Maestro de maestros. Podríamos haber esperado que Él usara solo un método para dar a entender su mensaje, pero enseñó de manera diferente a personas diferentes. Podríamos haber imaginado que Él elegiría solo los alumnos más prometedores para su clase. En cambio, incluyó a hombres y mujeres que otros maestros hubieran dejado de lado. Una de las alumnas que el Maestro eligió fue María Magdalena. Posiblemente, ella pasó más tiempo con Jesús que cualquier otra mujer de los Evangelios.

María Magdalena descubrió que su discipulado como una seguidora de Jesucristo era un proceso de aprendizaje constante. Ya había aprendido mucho al viajar con Él. Pero en una de las escenas finales de los Evangelios, tuvo que volver a la escuela para aprender algo nuevo acerca de ser una discípula.

Aunque se la menciona por nombre catorce veces en los Evangelios, en realidad sabemos solo cuatro cosas acerca de María Magdalena. Las primeras dos las vemos en Lucas 8:1-3:

> Aconteció después, que Jesús iba por todas las ciudades y aldeas, predicando y anunciando el evangelio del reino de Dios, y los doce con él, y algunas mujeres que habían sido sanadas de espíritus malos y de enfermedades: María, que se llamaba Magdalena, de la que habían salido siete demonios, Juana, mujer de Chuza intendente de Herodes, y Susana, y otras muchas que le servían de sus bienes.

El primer hecho que conocemos acerca de María Magdalena es que Jesús echó fuera siete demonios de ella. No sabemos cuándo o dónde. Tanto Marcos como Lucas nos dan a conocer el hecho, pero ninguno nos da a conocer la historia. Sabemos por su nombre que María provenía de Magdala, un pueblo a unos cinco kilómetros de Capernaum sobre la costa norte del mar de Galilea. Era el territorio que Jesús cruzaba de un lado al otro constantemente en su ministerio itinerante en Galilea. En cierto momento se encontraron, y tuvo lugar el milagro de su liberación.

Fue libre de la posesión de siete demonios. ¿Qué habrá significado la liberación para esta mujer? No sabemos cuánto tiempo o de qué manera era atormentada por la posesión demoníaca. Pero sabemos que cualquier persona poseída era alguien marginado por la sociedad normal. Algunos endemoniados se parecían más a animales que a seres humanos; algunos vivían en cuevas, deambulaban por el campo y aterrorizaban a las personas con su rostro desfigurado y su mirada salvaje. Dios los había creado, y Satanás los estaba destruyendo. No podemos imaginar qué significó para María ser poseída por siete demonios. Pero para ella, la liberación debe de haber sido una liberación que le cambió la vida. Su espíritu atado fue liberado. Sus extremidades entumecidas se aflojaron. Su rostro desfigurado se normalizó.

Lo segundo que sabemos de María es que viajó por toda Galilea hasta Judea con Jesús y los doce discípulos. Si durante años sufres de una terrible aflicción y luego encuentras un médico que puede hacerte libre de tu sufrimiento, probablemente quieras estar tan cerca del médico como te sea posible. María Magdalena se convirtió en una itinerante permanente del grupo de seguidores de Jesús.

La mayoría de nosotras tal vez pensemos que Jesús y sus discípulos viajaban de un lugar a otro estrictamente como un grupo de hombres: el Salvador y los doce hombres cuyos nombres casi seguro memorizamos en la escuela dominical. Hay varias razones por las que podríamos pensar de esta manera.

Por un lado, en la Palestina del primer siglo, algunos rabinos enseñaban que los hombres religiosos, que cumplían la ley, no hablaban con las mujeres en público. Un fariseo no hablaba ni siquiera con su propia madre si se la encontraba en la calle. La meticulosa segregación de hombres y mujeres en aquella cultura hacía que cualquiera que viajara con seguidores masculinos y femeninos estuviera demasiado en contra de la cultura para ser escuchado.

Además, la ley declaraba que una mujer durante su período menstrual era inmunda según el rito. Todo lo que ella tocaba se contaminaba. Durante su período, debía ocultarse donde no pudiera contaminar a nadie. ¿Cómo podía Jesús y los doce arriesgarse a ser contaminados por esta mujer que viajaba con ellos?

MARÍA MAGDALENA

La opinión pública acerca de un grupo mixto de seguidores que viajaba de un lugar a otro con Jesús podría haber dado lugar a preguntas sobre la moral. Cuando pensamos en Jesús y sus discípulos en los Evangelios, los implicados son los hombres que conocemos: Pedro, Jacobo, Juan, Andrés, Natanael, Bartolomé, Judas y los otros. ¿Cómo podían estas mujeres viajar como miembros del grupo de Jesús sin levantar sospechas?

Los escritores de los Evangelios no responden a esta pregunta. Lo que sabemos es que mientras los enemigos de Jesús lo acusaban de no cumplir con el día de reposo o de tomar demasiado vino, y de relacionarse demasiado con los recolectores de impuestos y otros tipos de mala reputación, en ningún momento plantearon el problema de la inmoralidad sexual. Debemos dar por supuesto que estos hombres y mujeres viajaban juntos de una manera que evitaba el escándalo.

La primera que se nombra entre las mujeres de aquel grupo es María Magdalena. No sabemos nada más acerca de su trasfondo. Algunos comentadores creen que provenía de una familia adinerada y que, por consiguiente, estaba en condiciones de ayudar en el sostenimiento de Jesús y sus otros seguidores. Este podría ser o no el caso.

Puede que hayas escuchado acerca de la obra de teatro musical llamada *Jesucristo Superestrella*. En esta, a María Magdalena se la representaba como una mujer que practicaba "la profesión más antigua de la tierra": la prostitución. Sin embargo, en las Escrituras no encontramos base para dicha idea.

Este mito acerca de María Magdalena comenzó en el siglo VI, cuando un papa llamado Gregorio la vinculó con la mujer pecadora que ungió los pies de Jesús con el costoso perfume. Desde entonces, en el transcurso de los siguientes catorce siglos, los artistas han representado a María Magdalena como una ramera sensual. Las iglesias han usado su nombre para denominar a sus hogares de rescate para prostitutas, como por ejemplo: "Hogar Magdalena". A pesar del mito, María Magdalena no era una prostituta.

Los primeros dos hechos que conocemos de María son que Jesús echó siete demonios de ella, y que ella era parte permanente del grupo que viajaba con Él. La tercera cosa que la Biblia nos dice acerca de María es que un viernes negro, llamado "viernes santo", ella seguía junto a la cruz mucho tiempo después que los discípulos habían huido. Marcos nos dice: "También había algunas mujeres mirando de lejos, entre las cuales estaban María Magdalena, María la madre de Jacobo el menor y de José, y Salomé, quienes, cuando él estaba en Galilea, le seguían y le servían; y otras muchas que habían subido con él a Jerusalén" (Mr. 15:40-41).

Después de tres horas de agonía, Jesús murió. José de Arimatea y Nicodemo fueron a bajar el cuerpo de la cruz y a colocarlo en un sepulcro. Mateo nos dice que "...tomando José el cuerpo, lo envolvió en una sábana limpia, y lo puso en su sepulcro nuevo, que había labrado en la peña; y después de hacer rodar una gran piedra a la entrada del sepulcro, se fue. Y estaban allí María Magdalena, y la otra María, sentadas delante del sepulcro" (Mt. 27:59-61).

Los escritores de los cuatro Evangelios resaltan que María y las otras mujeres no solo estuvieron a lo largo de las espantosas horas de la crucifixión, sino que se aseguraron de saber a dónde sepultarían a Jesús para poder ir después del sábado y terminar de ungir el cuerpo. Cuando miramos a María Magdalena y a las demás, vemos mujeres que estuvieron completamente comprometidas con Jesucristo aun en medio de su peor desconsuelo.

Por todo esto, no nos sorprende encontrar a estas mismas mujeres con María Magdalena, que al parecer las llevaba de prisa, muy de mañana el domingo, hasta la tumba de Jesús. Aquí las mujeres estaban cumpliendo su rol normal dentro de la sociedad judía, el de preparar el cuerpo muerto para darle sepultura. Mientras iban, se preocupaban por un problema muy real que tendrían que enfrentar: ¿quién haría rodar la gran piedra que estaba a la entrada del sepulcro?

Ellas conocían el tamaño de la piedra. Habían visto cómo José y Nicodemo habían colocado apresuradamente el cuerpo de Jesús en el sepulcro y habían hecho rodar la pesada piedra a través de la apertura. También sabían que la piedra estaba sellada por el gobierno romano. Aquel sello no podía romperse. Sin embargo, estaban determinadas a hacer lo atinado para Jesús. Habían atendido sus necesidades durante tres años mientras viajaban por Galilea y en sus repetidos viajes a Judea. Habían asumido el bienestar físico de Jesús como su responsabilidad. Por eso, en su muerte, no podían dejar de darle una correcta sepultura. A pesar de los obstáculos —una piedra gigante y un sello romano—, aprovecharon la primera oportunidad para ir al sepulcro.

Cuando llegaron, ¿qué encontraron? Marcos nos dice que "... cuando miraron, vieron removida la piedra, que era muy grande" (Mr. 16:4). En ese momento, empezó la próxima lección del discipulado para María. Ella había comenzado aquella mañana con muchas expectativas, pero rápidamente se dio cuenta de que todo era contrario a lo que había esperado. Juan reporta el incidente de esta manera:

> El primer día de la semana, María Magdalena fue de mañana, siendo aún oscuro, al sepulcro; y vio quitada la piedra del sepulcro. Entonces corrió, y fue a Simón Pedro y al otro discípulo, aquel al que amaba Jesús, y les dijo: Se han llevado del sepulcro al Señor, y no sabemos dónde le han puesto. Y salieron Pedro y el otro discípulo, y fueron al sepulcro. Corrían los dos juntos; pero el otro discípulo corrió más aprisa que Pedro, y llegó primero al sepulcro. Y bajándose a mirar, vio los lienzos puestos allí, pero no entró. Luego llegó Simón Pedro tras él, y entró en el sepulcro, y vio los lienzos puestos allí, y el sudario, que había estado sobre la cabeza de Jesús, no puesto con los lienzos, sino enrollado en un lugar aparte. Entonces entró también el otro discípulo, que había venido primero al sepulcro; y vio, y creyó. Porque aún no habían entendido las Escrituras, que era necesario que él resucitase de los muertos. Y volvieron los discípulos a los suyos.
>
> Pero María estaba fuera llorando junto al sepulcro; y mientras lloraba, se inclinó para mirar dentro del sepulcro; y vio a dos

ángeles con vestiduras blancas, que estaban sentados el uno a la cabecera, y el otro a los pies, donde el cuerpo de Jesús había sido puesto (20:1-12).

María, al ver la piedra que había sido quitada, pensó que se habían llevado el cuerpo de Jesús y lo habían colocado en otro lugar. En aquel momento, no podía pensar en Jesús de otra manera que muerto. Ella lo había visto morir. Había visto cómo lo colocaron en ese sepulcro.

Corrió a avisarles a Pedro y a Juan, y luego los siguió de regreso al sepulcro, pero se quedó afuera llorando. Aquel fue el golpe final. Durante las últimas semanas, la enorme tensión emocional había ido en aumento. Parada allí, debe haber recordado aquel último viaje desde Galilea a Judea, esos cien kilómetros a pie a Jerusalén. Entre otras cosas, allí había ocurrido la fatal predicción de Jesús de su inminente muerte. Pero le había restado importancia la emocionante entrada triunfal de Jesús a Jerusalén. Había escuchado la adulación de las multitudes que exclamaban: "¡Hosanna al Hijo de David! ¡Bendito el que viene en el nombre del Señor! ¡Hosanna en las alturas!".

Había estado en el patio de las mujeres, y había visto a Jesús entrar al templo y derribar las mesas de los cambistas. Se había llenado de orgullo, mientras Él echaba a los hombres malvados, que estafaban a los pobres peregrinos que iban a la ciudad santa para celebrar la Pascua. Contuvo su respiración al ver la furia de los principales sacerdotes y fariseos, mientras Jesús enseñaba por última vez en el patio del templo.

Podría haber estado en la casa de Simón el leproso, mientras María de Betania ungía a Jesús. Si fue así, volvió a escuchar la predicción de su muerte. Puede que haya estado presente en el juicio de Jesús. Sabemos que estuvo cuando lo llevaban a la ejecución. Estuvo allí cuando le clavaban las manos y los pies a la cruz. Estuvo allí cuando le traspasaron su costado con una lanza. Estuvo allí cuando el cielo se oscureció al mediodía y un fuerte terremoto partió las piedras, y se abrieron los sepulcros. Había estado junto a las demás mujeres al pie de la cruz mirando a Aquel que la había liberado de sus siete demonios, ahora, al parecer, incapaz de liberarse a sí mismo. Lo había visto morir.

Los altos y bajos de aquella semana confluyeron. Sintió otra vez el aguijón de la contradicción, mientras recordaba cómo las multitudes exclamaban "Hosanna" un día, y "¡Fuera, fuera, crucifícale!", solo unos pocos días después. María, que había experimentado aquella montaña rusa emocional, ahora estaba en la tumba acongojada y devastada por el pensamiento de que, aun en la muerte, Jesús había sido profanado. Se habían llevado su cuerpo. Su llanto doloroso expresaba todas las esperanzas perdidas y la desesperación que sentía.

> Pero María estaba fuera llorando junto al sepulcro; y mientras lloraba, se inclinó para mirar dentro del sepulcro; y vio a dos ángeles con vestiduras blancas, que estaban sentados el uno a la cabecera, y el otro a los pies, donde el cuerpo de Jesús había sido puesto.
>
> Y le dijeron: Mujer, ¿por qué lloras? Les dijo: Porque se han llevado a mi Señor, y no sé dónde le han puesto.
>
> Cuando había dicho esto, se volvió, y vio a Jesús que estaba allí; mas no sabía que era Jesús (Jn. 20:11-14).

Cuando María y las otras mujeres habían llegado a la tumba muy temprano aquella mañana, ella había salido corriendo para contárselo a Pedro y a Juan. Mientras tanto, las otras mujeres entraron a la tumba y encontraron a ángeles que les dijeron:

> ...¿Por qué buscáis entre los muertos al que vive? No está aquí, sino que ha resucitado. Acordaos de lo que os habló, cuando aún estaba en Galilea, diciendo: Es necesario que el Hijo del Hombre sea entregado en manos de hombres pecadores, y que sea crucificado, y resucite al tercer día (Lc. 24:5-7).

Pero ahora la María que lloraba, que se había perdido aquellas palabras la primera vez, no esperó por las palabras de esperanza cuando vio a los ángeles. Cegada por su dolor, se apartó de ellos. Mientras se alejaba, vio a un hombre que estaba en las inmediaciones. Este le dijo exactamente las mismas palabras que acababa de escuchar de los ángeles, en Juan 20:15-18:

> Mujer, ¿por qué lloras? ¿A quién buscas? Ella, pensando que era el hortelano, le dijo: Señor, si tú lo has llevado, dime dónde lo has puesto, y yo lo llevaré.
> Jesús le dijo: ¡María! Volviéndose ella, le dijo: ¡Raboni! (que quiere decir, Maestro).
> Jesús le dijo: No me toques, porque aún no he subido a mi Padre; mas ve a mis hermanos, y diles: Subo a mi Padre y a vuestro Padre, a mi Dios y a vuestro Dios.
> Fue entonces María Magdalena para dar a los discípulos las nuevas de que había visto al Señor, y que él le había dicho estas cosas.

¿Qué hizo falta para que María pasara de la desolación al regocijo, y la impulsara a la testificación? Solamente una cosa. Jesús mencionó su nombre en una voz que ella reconoció, y fue suficiente.

El Buen Pastor mencionó el nombre de esta oveja que lloraba, María, y esta reconoció su voz. De repente, todo lo que había estado mal ahora estaba bien. Aquel que había estado muerto ahora estaba vivo. Aquel que la había liberado de los siete demonios estaba otra vez con ella. En su eufórico gozo, ella extendió sus brazos hacia Él. Jesús amablemente le retiró sus brazos para que no lo tocara y le encomendó una tarea: Ve a contárselo a mis hermanos. En una fracción de segundo, esta discípula había pasado de estar dolorosamente abatida a la euforia: ¡el Maestro está vivo! Ahora tenía una tarea que cumplir.

La cuarta cosa que sabemos acerca de María Magdalena es que Jesús la envió como la primera testigo de la resurrección. Le encomendó que les contara a sus hermanos las buenas nuevas. Llegó a ser, como la llama san Agustín, "una apóstol de los apóstoles".

El horizonte mental de María había estado centrado en el pasado. Sus pensamientos se habían fijado en el cuerpo muerto. Solo el mismo Cristo vivo podía hacer que dejara de pensar en el pasado para mirar hacia el futuro. En el futuro, ella iba a ir y contar.

María Magdalena no era la única seguidora de Jesús que necesitaba un cambio de enfoque. En el mismo capítulo, Juan describe el encuentro de Jesús con otros de sus seguidores:

> Pero Tomás, uno de los doce, llamado Dídimo, no estaba con ellos cuando Jesús vino.
>
> Le dijeron, pues, los otros discípulos: Al Señor hemos visto. El les dijo: Si no viere en sus manos la señal de los clavos, y metiere mi dedo en el lugar de los clavos, y metiere mi mano en su costado, no creeré.
>
> Ocho días después, estaban otra vez sus discípulos dentro, y con ellos Tomás. Llegó Jesús, estando las puertas cerradas, y se puso en medio y les dijo: Paz a vosotros.
>
> Luego dijo a Tomás: Pon aquí tu dedo, y mira mis manos; y acerca tu mano, y métela en mi costado; y no seas incrédulo, sino creyente.
>
> Entonces Tomás respondió y le dijo: ¡Señor mío, y Dios mío!
>
> Jesús le dijo: Porque me has visto, Tomás, creíste; bienaventurados los que no vieron, y creyeron (Jn. 20:24-29).

En ambos casos, Jesús hizo una aparición especial a uno de sus seguidores: a María junto al sepulcro y a Tomás en el aposento alto a puertas cerradas. Ambos, María y Tomás, habían pensado que Jesús estaba muerto y estaban preocupados por el Jesús del pasado. Solo su presencia física los convencería de lo contrario.

Estos que habían fijado su mente en lo que podían ver o tocar habían aprendido a adorar y amar por fe. No podían aferrarse a la presencia física de Jesús. Tenían que aprender a relacionarse con el Salvador de una manera diferente.

María reconoció la voz del Maestro cuando Él mencionó su nombre. Jesús le dio una comisión: ve y cuenta. A Tomás, quien se había negado a creer el testimonio de los otros discípulos, le hizo una delicada represión: Porque me has visto... creíste; bienaventurados los que no vieron, y creyeron.

Cuando era niña, mis padres me llevaban a la iglesia casi a cuanta reunión hubiera. Nuestra iglesia tenía un fuerte énfasis evangelístico. Cada servicio finalizaba con una invitación pública a los no cristianos para aceptar a Cristo. Cada verano la iglesia patrocinaba seis semanas de reuniones bajo una carpa, en la cual diferentes evangelistas predicaban cada noche. A través de los años, nuestra familia nunca faltó a ningún servicio. No era de sorprenderse, entonces, que a los ocho años de edad pasara al frente en una de estas reuniones para pedirle a Jesús que entrara a mi vida.

Lo que se suponía que sería una fuente de gran paz, sin embargo, para mí fue una fuente de gran tormento. Durante los diez años siguientes, fui una desventurada. Estaba segura de que Dios no había escuchado mis oraciones de hacerme parte de su familia. Al escuchar a todos los predicadores invitados a nuestra iglesia, había adquirido la idea de que me sentiría limpia de mis pecados si Dios verdaderamente había perdonado mis pecados. No había sentido ningún escalofrío, ni que se moviera la tierra bajo mis pies, como los evangelistas describían como parte de la conversión de otras personas. Para mí, eso significaba que todavía no era cristiana.

Como niña y después como adolescente, sufría y oraba. Quería la experiencia que me confirmara que Dios realmente me había perdonado y me había hecho una de sus hijas. No entendía que cada uno vive experiencias diferentes.

Algunas personas necesitaban vivencias como las de María junto al sepulcro o como la de Tomás en el aposento alto. Otras necesitan la palabra que Jesús le dijo a Tomás: Bienaventurados son aquellos que no vieron nada espectacular y aun así creyeron.

Comencé a entender esto solo vagamente después de mi primer año en la universidad. Experiencias posteriores como esposa de pastor y como misionera me ayudaron a ver más claramente que Dios trata con cada una de nosotras de manera individual. Él llama a cada una de sus ovejas por su nombre. Él sabe exactamente qué necesitamos mientras caminamos a su lado.

De esto se trata nuestro discipulado. Se trata de aprender a creer, tengamos o no tengamos evidencias tangibles para seguir adelante. Se trata de aprender a confiar que nuestro Dios amoroso y soberano hará lo mejor para nuestra vida, ya sea que lo haga mediante alguna experiencia espectacular o mediante el silencio.

¿Cómo ha trabajado Dios en tu vida? ¿Qué has aprendido de Él que haya influido positivamente en ti? ¿Hasta dónde has llegado en tu conocimiento de quién es Dios y qué está haciendo en ti y a través de ti? Tus respuestas a estas preguntas te dirán la talla de tu discipulado.

Las mujeres, así como los hombres, eran discípulos del Salvador en la Palestina de hace dos mil años. Ellas lo seguían, lo escuchaban, aprendían de Él y le ministraban. Nosotras no tenemos la presencia física de Jesús en medio nuestro para verlo, tocarlo y ayudarlo como ellas hacían. Se nos ha pedido que "andemos por fe, no por vista". Pero nuestro discipulado puede ser tan real como el de ellas. Nosotras tenemos la Biblia como nuestra guía y la comunión con otros cristianos para nuestro sostén y corrección.

Cuando estudiamos en la escuela, fuimos de la suma a la resta, a las tablas de multiplicación, luego a las fracciones, los porcentajes, las ecuaciones y los teoremas. Aprendimos esto para poder hacer el balance de nuestra chequera, para trabajar en un banco o para ser una astrofísica. Todo ese aprendizaje fue para un buen propósito.

Jesús, el Maestro de maestros, nos guía a cada una de nosotras de manera diferente a aprender lo que necesitamos saber. No hay dos personas que tengan la misma experiencia de vida. Él nos toma dónde estamos y trabaja con nosotras allí, pero siempre con el mismo propósito. Quiere hacer que pasemos de la ignorancia al conocimiento de Dios y a una profunda relación como sus hijas. Él hace que vayamos de fe en fe hacia una confianza inconmovible en el Dios vivo. Nos enseña a ver los tiempos difíciles como la manera de Dios de hacer que pensemos diferente acerca de nosotras mismas y de nuestro propósito en la vida. Cada día caminamos con Dios como aprendices para llegar a distinguir lo bueno de lo malo. Vamos camino a la madurez.

Preguntas para la reflexión personal o el debate grupal:

1. María Magdalena vio a Jesús y le escuchó decir su nombre antes de reconocerlo. ¿Cómo puedes tú reconocer al Cristo vivo hoy día?

2. ¿Qué significa "andar por fe y no por vista"?

3. Cuando te miras a ti misma como una aprendiz en las manos del Maestro de maestros, Jesucristo, ¿qué experiencias ha usado Él para animarte y enseñarte a seguir en pos de Él?

4. ¿Qué metas te gustaría establecer para tu discipulado como una mujer cristiana del siglo XXI?